ESSAI

SUR LA

LANGUE PHÉNICIENNE

IMPRIMERIE TYPOGRAPHIQUE ET LITHOGRAPHIQUE DE CH. DURIEZ,

5, rue Neuve-de-Paris, à Senlis.

ESSAI

SUR LA

LANGUE PHÉNICIENNE

AVEC

DEUX INSCRIPTIONS PUNIQUES INÉDITES,

PAR

AUG.-CÉL. JUDAS,

MÉDECIN MILITAIRE,

SECRÉTAIRE DU CONSEIL DE SANTÉ DES ARMÉES.

« Interrogez les générations primitives. »
Job, VIII, 8.

PARIS

—

1842

A

Mon Ami

RIETSCHEL,

MÉDECIN MILITAIRE.

ESSAI

SUR LA

LANGUE PHÉNICIENNE.

AVANT-PROPOS.

Ibam obscurus, solâ sub nocte, per umbram.

Dans le mois de Juillet 1837, étant attaché, en qualité de médecin, aux salles militaires de l'hospice d'*Aire* (Pas-de-Calais), je reçus du ministre de la guerre l'ordre de partir d'urgence pour l'Algérie ; on faisait alors les préparatifs d'une seconde expédition contre la ville de Constantine.

1

J'obéis sans délai, comme je le devais, et, douze jours après, j'avais franchi l'espace qui sépare les ruines de l'ancien évêché de *Thérouanne* des ruines plus anciennes et à jamais célèbres de l'évêché d'*Hippone*.

De *Bone*, où je touchai pour la première fois la terre africaine, je fus immédiatement envoyé à *Ghelma* pour y prendre la direction du service médical de l'hôpital. Je suis resté six mois à ce poste. J'ai employé le peu de temps que me laissait un service très pénible à explorer les débris gisant sur le sol où fut jadis un municipe opulent.

On a donné plusieurs descriptions de cet amas de ruines au milieu desquelles survit, gravé sur la pierre, le nom romain de la cité, *Calama*, avec lequel le nom moderne a une parenté facile à reconnaître. On a constaté aussi l'identité de cette ville avec la *Calama* dont parle *Saint-Augustin*, et dont il indique la position avec une précision rigoureuse. Mais on s'est évidemment trompé quand, sur l'interprétation erronée d'une phrase d'*Orose*, historien espagnol, contemporain de Saint-Augustin, on a considéré cette ville comme celle devant laquelle le propréteur *Aulus Posthumius* subit une ignominieuse défaite dans la guerre contre Jugurtha, comme la *Suthul* de *Salluste*. Il suffit d'avoir vu *Ghelma* et d'en avoir comparé la topographie à la description que donne de *Suthul* le grand écrivain dont il vient d'être parlé, lequel avait lui-même séjourné en Afrique, pour être convaincu de l'impossibilité de cette synonymie.

Voici ce que dit Salluste : « *opportunitate loci, neque capi, neque obsideri poterat, nam circum murum situm in prœrupti montis extremo planities limosa*, etc. »

Suthul était donc placée sur une montagne escarpée : *Ghelma* au contraire est situé dans un enfoncement, sur le bord d'une espèce d'entonnoir. Il s'y trouve bien une muraille au *dessous* et non *autour* de laquelle se développe une plaine que les

pluies de l'hiver détrempent, comme elles détrempent toutes les plaines de l'Algérie ; mais cette muraille
raille n'occupe pas l'enceinte de l'ancienne ville ;
celle-ci était plus au nord. Le fort sur les débris
duquel notre camp est établi a été jadis élevé sur
l'emplacement de la nécropole et des thermes ; la
muraille qui l'entoure a été bâtie assez tard, probablement sous le règne de Justinien, comme portent à le croire plusieurs inscriptions gravées sur les
pierres dont on s'est servi pour la construire après
les avoir arrachées aux tombeaux et à d'autres monuments. D'ailleurs cette enceinte elle-même ne
couronne point la cîme d'un mont abrupte ; elle
repose au contraire au pied d'une colline dont la
pente très-douce se confond avec la plaine ; on ne
saurait dire où celle-ci commence, où finit la colline.

Barbié Du Bocage avait déjà été amené, par d'autres considérations, à repousser l'assimilation dont
il s'agit dans l'une des notes dont il a enrichi la
traduction de *Salluste* par M. *Mollevaut* (1843, pag

457) *. Ce savant géographe pensait que *Suthul* devait être la *Sufetula* de l'itinéraire d'Antonin, la *Sbaïtla* des modernes.

Cette opinion, et c'est ce qui la confirmerait elle-même, permettrait de concilier, d'une manière très plausible, le passage d'Orose avec celui de Salluste. En effet Orose s'exprime ainsi : « *insequenti anno,* » *Aulum Postumium, Postumii consulis fratrem, quem* » *is XL millibus armatorum exercitui præfecerat, apud* » *Calamam urbem, thesauris regiis conditis inhiantem* » *bello oppressit.* » Ainsi, suivant ce passage, ce serait devant *Calama* que *Posthumius* aurait essuyé un échec. Mais, d'après *Salluste,* ce ne serait point devant *Suthul* que ce désastre aurait eu lieu : « *ipse* » (Jugurtha) *quasi vitabundus per saltuosa loca et tra-* » *mites exercitum ductare. Denique Aulum spe pactionis*

---

* Comment donc, en 1837, un collègue de *Barbié* et de M. *Mollevaut* a-t-il pu dire qu'aucun géographe, avant lui, n'avait établi cette synonymie ? (*Voy.* Dureau de Lamalle, *Prov. de Constantine,* page 29.)

» *perpulit uti, relicto Suthule, in abditas regiones sese*
» *veluti cedentem insequeretur...* » Or, à un jour de
marche à peine de *Sbaïtla* ou *Sufetula,* existent les
ruines d'une petite ville qu'on appelle aussi *Gelma,*
que *Ptolémée* désigne sous le nom de Κᾶλμα. N'était-ce
pas une autre *Calama,* la *Calama d'Orose,* celle devant laquelle le propréteur aurait été battu, après
s'être laissé détourner de l'attaque de Suthul par
l'astucieux Numide?

Si notre Ghelma ne peut point revendiquer l'hon-
neur d'avoir vu capituler à ses pieds une armée de
quarante mille Romains; s'il n'a point recélé les
trésors de Jugurtha, il possède aujourd'hui des
richesses archéologiques qui en font l'une des plus
intéressantes de nos stations en Algérie. C'est jusqu'à présent la seule où l'on ait trouvé des inscriptions puniques.

J'ai été assez heureux pour découvrir l'une de
ces inscriptions dont on verra plus loin un calque
exact, et dont l'original a été transporté, sur mes

indications, à la Bibliothèque royale. Je le dirai naïvement : j'ai rarement éprouvé un plaisir aussi vif que celui que je ressentis le jour où, pour la première fois, mes regards tombèrent sur ce fragment d'une langue presque effacée de la mémoire des nations.

On sait que la langue punique, fille de la langue phénicienne, avait conservé avec celle-ci et avec la langue hébraïque une grande ressemblance. Ayant été appelé à Paris, après mon séjour de six mois au milieu de ces souvenirs presque vivants de l'Antiquité, et encore sous l'empire des impressions que j'y avais reçues, je voulus, pour connaître la valeur de mon inscription, et entraîné d'ailleurs par un penchant irrésistible vers les études paléographiques, rechercher où en était la science touchant la langue phénicienne. Il va dès-lors sans dire que je méditai particulièrement le récent et célèbre ouvrage du savant M. Gesenius, de Leipsick, ayant pour titre : *Scripturæ linguæque phœniciæ monumenta quotquot supersunt*. 1837.

Une chose d'abord me frappa en lisant ce précieux ouvrage, c'est, oserai-je le dire? l'invraisemblance de quelques traductions... Ne pouvant écarter de mon esprit cette préoccupation, je me laissai aller au désir de trouver une interprétation plus satisfaisante; et, ce qui ne paraîtra pas extraordinaire, je ne tardai pas à penser que j'avais réussi. *Sua cuique Deus fit dira cupido.*

Plusieurs années se sont écoulées depuis cette époque; ma position a varié, ainsi qu'il arrive souvent dans la carrière militaire; mais pendant ce laps de temps et au milieu de ces vicissitudes, chaque fois que mes devoirs de service me l'ont permis, j'ai repris mon travail de prédilection; chaque fois que ma réflexion a pu se dégager des affaires officielles, elle s'est reposée sur ce sujet. Pendant cette épreuve, ma conviction s'est accrue, fortifiée, affermie; je crois donc pouvoir me hasarder à en faire acte publiquement.

Je sens toutefois, au moment de franchir la limite qui me sépare encore de la publicité, tout ce

qu'il y a de téméraire dans mon entreprise; je pré-
vois le danger que je cours en m'attaquant, faible
et isolé, à un athlète si justement renommé; bien
plus, en m'attaquant en quelques points à la grammaire hébraïque, qui me semble avoir été jusqu'à
présent considérée à peu près comme infaillible...
Une considération pourtant me fera peut-être ex-
cuser; c'est que M. Gesenius lui-même, en plus
d'un endroit, avoue qu'il n'est pas complètement
satisfait de ses propres tentatives; il provoque de
nouveaux essais. Puissé-je, en cédant à l'inspira-
tion que lui-même m'a communiquée, avoir mé-
rité son indulgence et celle des savants qui mar-
chent dans cette voie encore peu pratiquée!

CHAPITRE I.

ÉPITAPHES DE CENTENAIRES.

> « Levez-vous devant les cheveux blancs ;
> « honorez la personne du vieillard. »
>
> *Lévit.* xix, 32.

L'une des plus belles inscriptions phéniciennes qu'on possède est celle qui a été trouvée à Malte en 1761, et qui a été depuis déposée à la Bibliothèque royale de Paris ; elle est encastrée, au milieu d'inscriptions grecques et latines, dans l'une des parois du vestibule ouvert au pied de l'escalier qui conduit

à la salle de lecture. Malheureusement elle est muti-
lée; mais Swinton nous en a transmis une copie
entière sur l'exactitude de laquelle on peut compter.
M. Gesenius l'a reproduite sous le titre de *Melitensis
altera*, planche 7 de l'ouvrage précédemment cité.
On en voit ci-contre une copie.

Cette inscription a exercé la sagacité de deux des
plus savants orientalistes de l'époque, de MM. Etienne
Quatremère et Gesenius.

Le dernier l'avait d'abord ainsi traduite (*Op. laud.*,
p, 105) :

חדרך בת עלם קבר נגעל

נקה בכלת הזה רח

מרף אם בשת חנכ -

על בן ברמלך

Conclave domûs æternæ, sepulcrum. Depositus est
purus in hoc claustro. Spiritus
remissionis mater ignominiæ. Hanni —
bal, filius Barmeleci.

M. Étienne Quatremère, dans une analyse publiée
en 1838 dans le *Journal des savants*, a rejeté cette traduction après s'être demandé : « Est-ce bien ce
» qu'on doit s'attendre à trouver sur un monument

P.1.　　　　　　Melit. Alt. — Gesen.

autog⅒ Palis, r. l'Évêque 13.

» de ce genre? Des réflexions philosophiques peu-
» vent-elles avoir place dans des inscriptions voti-
» ves? »

Le célèbre académicien est tombé dans une étrange
méprise, en parlant *d'inscriptions votives*, puisqu'on
lit à la première ligne *sepulcrum*, puisqu'il s'agit, par
conséquent, d'une épitaphe, et que lui-même l'avait
ainsi jugé dans une traduction qu'il avait déjà proposée dans le journal asiatique, ainsi qu'on le verra
bientôt. Assurément des réflexions philosophiques
peuvent avoir place dans des inscriptions sépulcrales,
et il ne serait pas difficile d'en citer des exemples.
Mais, dans le cas dont il s'agit, c'est la nature et la
place de la réflexion qui ne paraissent pas en harmonie avec le contexte.

M. Étienne Quatremère, après l'observation qui
vient d'être rapportée, crut devoir maintenir la version suivante, qu'il avait déjà publiée plusieurs années auparavant :

חדר בת עלם קבר נפעל

נציב כלתי ידח

מד ואם בשת חנב

על כן (ע)בדמלך

Conclave domûs æternæ, sepulcrum fabricatum,
monumentum nuruum mearum Jadhe—
med et Em-boschet. Anni —
bal, filius Ebed-Molech.

Ne peut-on pas aussi se demander tout d'abord si la concision propre au style lapidaire en général, et particulièrement aux langues sémitiques, comporte l'assemblage des mots qui surchargent le début de cette épitaphe? Cette considération suffirait pour mettre en doute la légitimité de l'interprétation, s'il ne s'y ajoutait d'ailleurs d'autres motifs qui se présenteront ultérieurement. Je me borne, pour le moment, à faire remarquer que M. Étienne Quatremère n'a point tenu compte du petit trait gravé après la vingt-troisième lettre.

Il paraît que le savant critique a entamé l'analyse de l'ouvrage du professeur de Leipsick avant de l'avoir lu complètement; sans cela il n'aurait sans doute point omis de faire savoir que M. Gesenius a lui-même reconnu le vice de sa traduction; on lit en effet dans l'appendice IV : « In explicatione meli-
» tensis 2 l. c. proposita duo mihi ipsi semper dis-
» plicuerunt : *unum*, quòd nimis multæ et nimis
» breves sententiæ in tàm brevi monumento minimè
» inter se cohærentes statuerentur; *alterum*, quòd
» duæ administrantur sententiæ sepulcrales in qui-
» bus maximè altera (רח מרף אם בשת, *spiritus*
» *remissionis mater ignominiæ*) molesta erat, quippè
» quæ inter laudes viri et nomen ejus interjecta
» esset. Quæ dùm reputo, non possum non aliam
» suadere illorum verborum explicationem דה מרפא

PL. II. Numid. XI, Gesen.

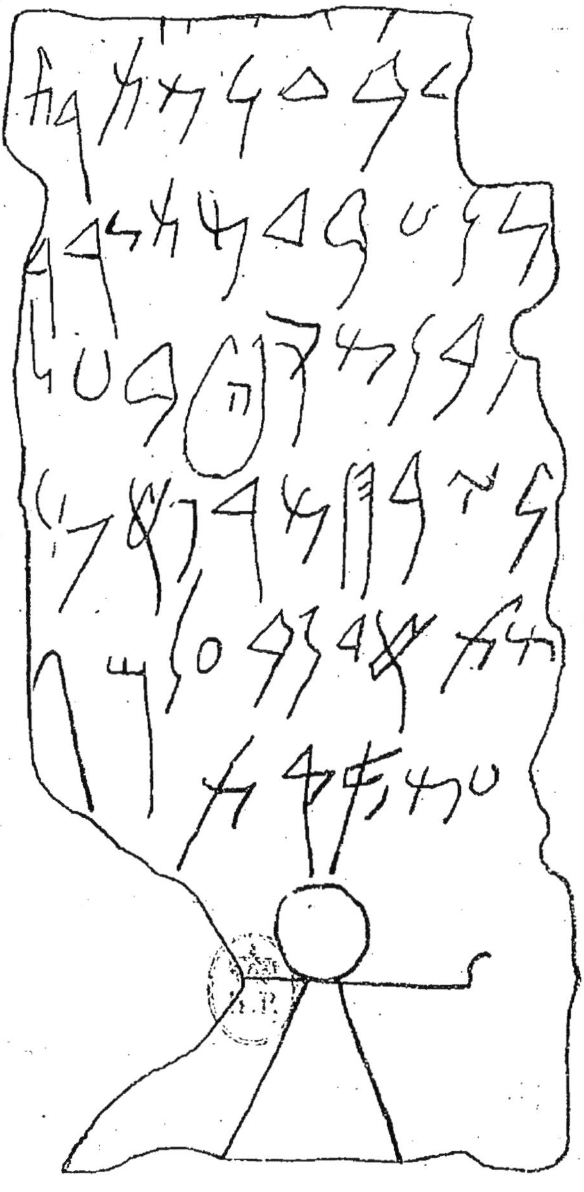

» מבשם, *spiritus mansuetus sine dedecore.* Eamdem
» formulam רח מרפא in laudibus sepulti habes
» etiam in Carth. XI, lin. 4. »

Cette nouvelle explication est sans contredit plus
heureuse que la première. Mais ce qu'il importe
surtout de prendre en considération, c'est la répétition de la même formule sur une autre inscription,
répétition à laquelle M. Gesenius lui-même ne paraît
pas avoir attaché toute l'attention qu'elle mérite.
C'est le propre du style lapidaire d'avoir pour bases
des formules uniformes pour énoncer les mêmes
faits, pour exprimer les mêmes idées. Dans le cas
dont nous nous occupons, l'identité s'applique non
seulement à la quatrième ligne de l'inscription carthaginoise dont il s'agit (voyez ci-contre), mais
encore aux deux premières lettres de la cinquième
ligne. D'un autre côté, il manque une lettre, un
beth, dans la seconde formule, comme on peut le
voir par le rapprochement ci-après :

הוהרחמרפאמבשם — *Deuxième Maltaise.*

הוהרחמרפאמ ש מת — *Onzième Carthaginoise.*

A part cette défection, la similitude est complète;
il faut donc trouver dans la traduction une formule
dont la similitude ne soit point affectée par l'absence
du *beth* dont il est question.

Cette condition, si elle est reconnue juste, frappe d'inexactitude la traduction de M. Étienne Quatremère.

M. Gesenius de son côté n'a saisi qu'une faible partie de la vérité, puisqu'il ne fait consister l'identité que dans deux mots. Voici en effet l'interprétation qu'il avait donnée quelques pages auparavant et à laquelle il renvoie :

לעבּרעשחרת	Abd-Astarto,
בן עבדמלקף	filio Abd-Melcar-
ת בן שפטבעל	thi, filii Sufetbalis.
כי רח מרפא מ	Have, anima placida, quam
שח אדן בעל מג	fulcivit dominus Baal, protexit
ז עשתרת	Astarte.

Ainsi le rapprochement ne porte que sur les lettres רח מרפא, traduites par *anima placida*. Cependant la ressemblance évidente de la lettre précédente avec celle qui occupe la même place dans l'inscription maltaise induit irrésistiblement à croire que là aussi se trouvait le mot הוה, et que ce mot, par conséquent, doit entrer dans la formule. Il en est de même des lettres משח qui suivent immédiatement les termes רח מרפא : toutes ces lettres doivent se rattacher à une seule proposition. Cette condition

n'ayant point été remplie par M. Gesenius, on est
autorisé à croire que ses explications manquent
d'exactitude. J'espère avoir été plus heureux.

Voici l'explication que je propose pour l'inscription maltaise :

חדר בת עלם קבר נפעל

נקה בכלת הוה רח

מרפא מב שת חנב

על בן כרמלך

Penetrale domûs æternæ, sepulcrum remunerati.
Justificatus est in fine, existentiam spiritûs
qui remisit CII anno, Hannib —
al, filius Barmeleci.

Cette épitaphe renferme trois membres corrélatifs,
qui forment par leur réunion un tout régulier, et
qui se prêtent les uns aux autres un mutuel appui.
Il s'agit du tombeau d'un homme rémunéré ; cette
rémunération a consisté dans la durée de sa vie qui
a dépassé cent ans ; cette longévité a été en même
temps et le prix et la preuve de sa vertu. La justesse
de cette interprétation ressortira, je pense, des commentaires suivants :

1°. חדר בת עלם, *penetrale domûs æternæ.* Cette

2

phrase ne diffère pas essentiellement de celle des deux auteurs précédemment cités; en substituant *penetrale* à *conclave* je n'ai eu en vue que d'exprimer plus vivement le respect religieux qui est dû aux tombeaux, considération qui a, comme on le verra bientôt, un à-propos particulier dans le cas dont il s'agit.

2°. קברי נפעל, *sepulcrum remunerati*. On a vu que le dernier de ces deux mots a été différemment interprété par MM. Étienne Quatremère et Gesenius, celui-ci l'ayant rendu par *depositus est*, l'autre par *fabricatum*; cette dissidence provient de la différence de valeur attachée à la première radicale, c'est-à-dire à la lettre antépénultième; M. Étienne Quatremère la regarde comme un *phé*; M. Gesenius la prend pour un *gimel*. Mais ce signe a une ressemblance frappante, incontestable avec le troisième de la troisième ligne : or, celui-ci est à son tour considéré par M. Gesenius comme un *phé*, tandis que M. Étienne Quatremère ne lui attribue plus la même valeur, et en fait un *vau*. Ainsi ces deux caractères, dont la forme est évidemment identique, ont été considérés chacun comme un *phé*, tantôt par l'un et tantôt par l'autre des deux paléographes; ne doit-on pas voir dans cette dénomination commune l'expression de leur valeur réelle? C'est ce qui m'a paru le plus rationnel; aussi ai-je adopté, pour le premier cas, la

transcription נפעל proposée par M. Étienne Quatremère. Mais la traduction qu'il en a donnée me paraît
inadmissible; l'inutilité de l'adjectif *fabricatum* est en
effet trop choquante, trop opposée au génie du style
monumental. S'il est vrai que la racine פעל signifie au propre *travail*, *ouvrage*, elle est souvent aussi
employée, par métonymie, pour *salaire*, *récompense*.
On lui trouve ce sens dans plusieurs passages de la
Bible dont je ne rappellerai que le suivant, parce
qu'il a en outre un rapport remarquable avec notre
inscription :

כליותי אכן משפטי את־יהוה ופעלתי את־אלהי

« J'attends avec confiance mon jugement de l'Éternel,
» et ma récompense de mon Dieu. »

Isaïe, XLIX, 4.

C'est dans cette acception que je crois devoir
prendre le mot dont il s'agit, pour les motifs que
je vais exposer.

3° נכה בכלה זוה רד מרפא מב שת, *justificatus est in
fine, existentiam spiritûs qui remisit CII anno.* — Il résulte d'un assez grand nombre de passages de l'Ancien Testament que, dans l'opinion des Juifs, la
vieillesse était une récompense promise par Dieu à la

pratique de ses commandements. Dans la Genèse, XV, 25, Dieu dit à Abraham pour lui exprimer son contentement: « quant à toi, tu iras te reposer avec » tes pères, tu descendras au tombeau dans une » vieillesse avancée et heureuse. » — Chacun a présent à la mémoire ce précepte du décalogue: « Tes » père et mère honoreras, afin de vivre longue- » ment. » — L'un des interlocuteurs de Job, Éliphas lui dit, V, 26: « Si tu supportes avec résignation » les maux dont Dieu te frappe, tu descendras vieux » dans la tombe. » — Dieu promet aussi la longévité à Salomon pour prix de son obéissance. I. R. III, 14. — Par contre, la briéveté de la vie est souvent annoncée comme le châtiment du péché; ainsi Dieu, irrité contre le grand-prêtre Héli qui a laissé ses deux fils marcher dans l'impiété, lui dit: « il n'y » aura plus de vieillard dans ta maison... » II, Samuël, XXX, 32.

La vieillesse était donc, comme je l'ai dit plus haut, une rémunération divine et partant un témoignage de pureté. Il reste à examiner si l'analyse permet d'appliquer, comme je l'ai fait, ce jugement au sujet de notre épitaphe.

M. Gesenius, tout en traduisant נקה par *purus*, ne dissimule pas (p. 104) que, pour que la forme

adjective fût correcte suivant l'analogie hébraïque ,
il faudrait que la troisième lettre fût un *iod* et non
un *hé :* en effet נקה est le verbe *justificatus est , justus
declaratus est ;* on voit qu'en choisissant ce dernier
sens je suis resté fidèle au génie de la langue hébraïque.

La pureté d'Hannibal fut démontrée par sa fin
dans un âge accompli, בכלת (pour בכלה) , expression
qui a une affinité remarquable avec le mot בכלח du
passage de Job que j'ai déjà cité et dont voici le
texte : תבוא בכלח אל־קבר .

Existentiam spiritûs remittens (qui remisit) CII anno.
— On sait que les Juifs considéraient la mort comme
un sommeil (ישן המות , Ps. XIII, 4; *et passim*); la
perte de l'existence n'était pour eux que la cessation
de la respiration, ce que rend la tournure sémitique
existentiam spiritûs remittere. Le participe מרפא a été
employé, comme ici, dans le sens *remittens* par Jéré-
mie, XXXVIII, 4 : הוא מרפא את ידי אנשי כיעל־בן , *nam
certè ipse remittens (remissas faciens) manus virorum,* etc.,
l'application à une formule mortuaire est d'autant
plus juste que le verbe רפא , même isolé, signifie
quelquefois *mourir*, comme on le voit dans le onzième verset du psaume LXXXVIII : אם־רפאים
יקומו יודוך « est-ce que les morts célébreront ta
» louange? »

מב שנה, CII anno. — C'est ici la clef de l'inscription; c'est en donnant, ce que personne n'avait pensé
à faire, une valeur numérique aux lettres מב, que
je suis arrivé à une version si différente de celles qui
avaient été présentées jusqu'à ce jour et cependant,
si je ne m'abuse, si conforme à toutes les vraisem-
blances, si conforme en même temps aux opinions
émises par M. Gesenius lui-même dans d'autres cas
que celui dont il s'agit ici. Ainsi, ce savant paléographe dit, p. 356 : שנה *annus, plerùmque per com-
pendium* שׁ *anno.*» Ce sigle, qu'on trouve en effet
avec une signification incontestable sur plusieurs médailles, devait être aussi connu dans le langage sémitique que l'étaient parmi les latins les abréviations
AN. ANN. que l'on rencontre si fréquemment : sa
présence appelait immédiatement un nombre; il est
ici indiqué par les lettres précédentes מב : en effet,
dans la Genèse, chaque fois qu'il est fait mention de
l'âge des personnages qui y sont cités, les noms de
nombre précèdent toujours le mot שנה; le מ, initiale du mot מאת *cent*, comme le C en latin, indique
une partie de ce nombre : M. Gesenius dit, p. 464,
« *Scribendi compendiis quæ,* § 37, *p.* 54, *recensita sunt
adde* מ *et* מא *pro* מאת *centum.* »

Après cette double interprétation, dont l'indica-
tion, comme on le voit, a été fournie par M. Gesenius lui-même, il n'est pas difficile de trouver la va-

leur de la lettre ב : placée entre ם, C, et שנ *anno*,
elle doit nécessairement être un chiffre, c'est-à-dire
un 2, d'après son rang dans l'alphabet.

Maintenant on voit que l'élimination de ce *beth*,
ou de ce chiffre, n'affecte pas le sens de la formule
dans la onzième carthaginoise : seulement, au lieu
de *existentiam spiritûs qui remisit CII anno*, il faut
lire : *existentiam spiritûs qui remisit C anno*. Cette exactitude rigoureuse dans la reproduction d'une même
formule me semble un puissant argument en faveur
de mon interprétation.

Mais il y a, à ce propos, une observation piquante
à faire, et je suis étonné qu'elle ait échappé à tous
les commentateurs. Sur les épitaphes grecques et
romaines l'âge du défunt est presque toujours indiqué, souvent même avec tant de scrupule, qu'on
va jusqu'à parfaire le nombre des mois, des jours, et
même des heures : *vixit annis... mensibus... diebus...
horis*. Au contraire, sur aucune des épitaphes phéniciennes qu'on a jusqu'à présent traduites, il n'est
fait mention de l'âge. Cette différence est assurément
digne de remarque. Cependant, si je ne me suis point
égaré dans les explications que je viens de donner,
l'âge serait énoncé dans les deux inscriptions dont il
a été question et, chose non moins digne d'atten-

tion, il s'agit, dans l'une et dans l'autre, d'un cen-
tenaire ; sur aucune autre épitaphe, je n'ai pu trouver indice d'âge. Cette double circonstance vient
singulièrement à l'appui de mon opinion.

Chez des peuples aussi persévérants dans leurs
usages, aussi constants dans leurs habitudes que le
sont les peuples orientaux, l'observation du présent
doit être d'un grand secours pour remonter à la con-
naissance du passé. Eh ! bien ; les Arabes modernes,
ceux du moins que j'ai vus en Afrique, ne disent
point leur âge ; ils paraissent gênés, contrariés quand
on le leur demande. Il en était probablement ainsi
chez les anciens peuples de la même souche : ceux-
ci n'aimaient point sans doute à révéler leur âge ; ils
n'en confiaient pas même le secret à la tombe : leurs
épitaphes gardent à ce sujet le silence qu'ils obser-
vaient vivants. Cependant, j'ai trouvé des exceptions ;
je montre l'âge célébré sur deux monuments sépulcraux... c'est qu'il s'agit de centenaires ; c'est qu'il y
avait en effet exception pour ceux qui avaient suc-
combé à une vieillesse avancée, parce que ce fait
était honoré comme un privilège, comme une rémunération divine, comme un prix accordé à la piété,
נכבל ; celui qui l'obtenait était, par cela même, reconnu
juste, נכה ; il était, pendant la fin de sa vie, entouré
de confiance et de vénération ; il mourait en odeur
de sainteté ; son tombeau était glorieux et religieu-

sement entretenu : c'était, en un mot, un Marabout *.

---

* Riley prétend avoir rencontré parmi les Maures du désert, qui sont très vraisemblablement de race Berbère, des hommes et des femmes très âgés, qui paraissaient entièrement desséchés et comme des momies vivantes ; ils jouissaient d'une grande vénération de la part des plus jeunes. — Ritter, *Géogr*. T. III.

J'ai fait en Algérie une autre observation qui prouve directement la fidélité des Arabes aux antiques coutumes. On sait que les anciens répandaient sur les tombeaux des fleurs de couleur de pourpre et de safran; on lit dans Artémidore : οἱ δὲ (στέφανοι) ἐκ τῶν πορφυρῶν, καὶ θάνατον σημαίνουσιν. ἔχει γάρ τινα τὸ πορφυροῦν χρῶμα συμπάθειαν καὶ πρὸς τὸν θάνατον. — Oneïrocrit. L. 1. c. 79. Les Arabes ont conservé ce symbole. J'ai souvent reconnu, à distance, le lieu où un Douair avait été établi à une espèce d'oasis couverte d'*Amaranthes* qui était le cimetière. Cette couleur rouge n'aurait-elle pas pour objet d'écarter les bêtes fauves ? Plusieurs fois, lorsque je me rencontrais avec des Arabes labourant, je les ai mis involontairement en grande peine parce que la vue de mon pantalon garance agitait et faisait fuir le taureau. Peut-être la préférence accordée au safran tenait-elle à ce que cette plante agissait en même temps par son odeur.

CHAPITRE II.

CONSÉCRATION DES SÉPULCRES.

—

« Locus ubi corpus mortui hominis condis,
« sacer esto. » — *Loi rom.*

§. 1.

SYMBOLE SÉPULCRAL.

On remarque au bas de l'inscription carthaginoise dont il a été parlé dans le chapitre précédent, une figure qui reparaît souvent sur les monuments phéniciens; c'est la représentation linéaire d'un personnage qui tient les mains levées. On regarde généralement cette image comme l'emblème d'une divinité, de Baal particulièrement. Cette dernière opinion est celle de M. Gesenius; je la crois erronée : je vois dans ce signe un symbole du mot *tombeau.*

J'ai été amené à cette opinion par les remarques que j'ai faites sur les tombes les plus simples des Arabes de nos possessions. Le mort est couché dans une fosse peu profonde dont les côtés sont soutenus par des pierres plates posées de champ; l'ouverture est fermée par des pierres semblables transversalement placées, sur lesquelles la terre est déposée en forme de tertre : celui-ci est, à son tour, encadré par d'autres pierres verticales; la direction du corps est indiquée extérieurement par quatre pierres implantées dans le tertre et correspondantes, une à la tête, une aux pieds, les deux autres aux bras (voyez ci-contre, pl. III, n° 1); le corps regarde vers l'Orient.

De tout temps on a recommandé la demeure des morts au respect des vivants par quelque signe connu ou facile à interpréter, de telle sorte que dans plusieurs langues le mot *signe* est synonyme de *tombeau;* tels sont dans la langue grecque le mot σημα, dans la langue turque le mot *bilkou.* Les tombeaux en effet étaient sacrés; une malédiction était attachée à leur violation : « *Quisquis hanc aram læserit habeat manes* » *iratos!... mitem Isidem iratam habeat, suorum ossa*

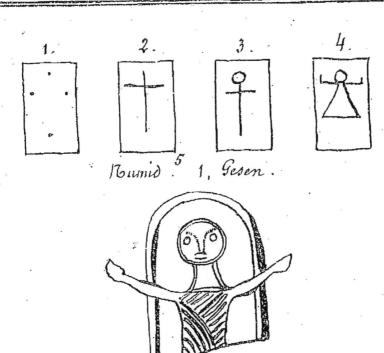

Numid. Gesen.

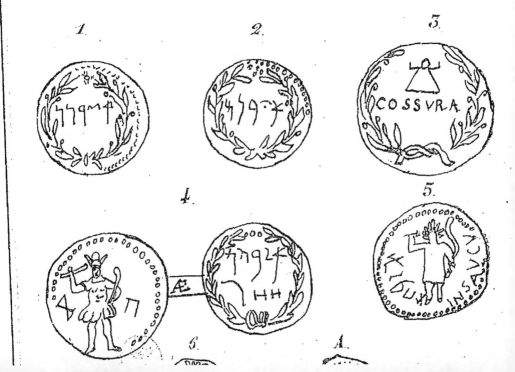

» *eruta atque dispersa videat!... ultimus suorum moria-*
» *tur!... manium numina irata sunto!...* etc. » (Voyez
Fabretti Inscriptiones.) Il était donc indispensable
qu'un indice caractéristique avertît les passants; cet
indice devait faire comprendre qu'un mort était couché sous la terre; une inscription n'aurait pas suffi,
car peu de personnes sans doute auraient été ca-
pables de la lire, et d'ailleurs il est très probable que
peu de sépulcres portaient épitaphe. Il fallait donc
un signe figuratif, et le plus naturel était la représentation de l'homme couché; on en fit en même
temps un symbole de croyance en dirigeant le corps
vers l'Orient.

Les quatre points indiqués, suivant la description
que j'ai faite ci-dessus, sur les tombes les plus hum-
bles étaient la représentation la plus simple, et par
conséquent le point de départ. Plus tard, lorsque le
tertre fut lui-même recouvert d'une pierre, on réunit ces points par deux lignes se coupant en forme
de croix, comme on le voit pl. II, n° 2. Ce fut le
premier degré de la gravure. A mesure que l'architecture et la sculpture firent des progrès, cette
ébauche prit des développements successifs (voyez
les différents exemples, ɪɪ), jusqu'à ce qu'elle imitât
réellement la forme humaine.

La croix fut donc la figure élémentaire; or, cette

figure est celle que présentait primitivement dans
l'écriture sémitique la lettre *tau* ou *taph*, ainsi que
le reconnaissent tous les paléographes : aussi ce son
tau ou *taph* (חת) veut-il dire en hébreu *signe*, et chez
les Grecs *tombeau* (τάφος, τάφη)*. « Sous le règne de
» Théodose-le-Grand » disent Sozomène et Socrate,
cités par le père Kircher, « en détruisant les tem-
» ples des Gentils, on trouva dans celui de Sérapis
» des pierres sur lesquelles étaient gravés des hiéro-
» glyphes cruciformes. » C'étaient sans doute des
pierres sépulcrales, et très probablement celles des

---

* Cette origine du nom grec me semble beaucoup plus ration-
nelle que celle donnée par les lexiques qui ne font que reculer la
difficulté, en lui assignant pour étymologie le verbe θάπτω. « Cùm
» ergò voces primitivæ ordinatæ fuerint ad exprimendas, repræ-
» sentadas et quasi depingendas res sensibus objectas, eæque priùs
» ut existentes quàm agentes aut patientes concipiantur, vocabula
» primitiva haud dubio non verba erant, sed nomina. » — Innoc.
Fessler, instit. ling. orient. pag. 10.

Ainsi, dans la langue latine, le mot *titulus*, qui tire probablement
aussi son étymologie de la lettre T et qui, pour cela, veut dire *épitaphe, inscription*, signifiait encore *fosse de petite dimension, fosse
mortuaire* sans doute, comme le prouve ce passage d'Hyginus :
« Egressu pedibus exterius sexaginta per latitudinem portarum,
» similiter fossa fiet, quæ propter brevitatem, *Titulus*, cognominata
» est. » — De Castramet.

prêtres voués au service du temple. Nous reviendrons
ultérieurement sur ce fait.

La figure linéaire qui fait particulièrement l'objet
de ce paragraphe, était donc un des degrés qu'a su-
bis dans son évolution l'enseigne sépulcrale; elle prit
le nom de l'objet qu'elle représentait, קבר *tombeau.*
En effet, en voyant ce signe, l'idée corrélative qui s'y
rattachait s'offrait spontanément à l'esprit; l'objet
et le signe se sont confondus dans une dénomination
commune.

Cette explication, dénuée de preuves directes, paraîtra sans doute paradoxale au premier énoncé; mais
le doute disparaîtra, je pense, quand on reconnaîtra
que cette métonymie s'est transmise, au moyen de
la langue latine, jusque dans notre langue où elle
subsiste encore; en effet, avec les perfectionnements
de l'architecture, l'esquisse dont nous parlons prit,
comme nous l'avons dit, des développements pro-
gressifs, et bientôt elle se transforma en dessin régulier, en véritable portrait (pl. II, n° 5), en *buste;*
or, ce mot *buste,* qu'est-ce? sinon le mot *bustum,* tom-
beau (קבר), ainsi que l'a fait remarquer le célèbre
Visconti.

La plupart des médailles de Cossyre (pl. III, n° 4'
et suivants) portent sur une de leurs faces un per-

sonnage à tête radiée, tenant de la main droite levée jusqu'au front un marteau, et de la main gauche
abaissée un serpent qui se dresse onduleux jusqu'à
la hauteur de la tête. Une de ces médailles se dis-
tingue par un revers sur lequel on trouve, au lieu
de l'image précédente, une figure semblable à celle
qui nous occupe. On s'est appuyé sur cette particularité pour établir que cette figure est l'image d'un
dieu; on a pensé qu'elle devait être une imitation
éloignée du personnage qui caractérise les autres
médailles, lequel présente lui-même des dégrada-
tions grossières. Mais, de l'aveu de M. Gesenius, ce
personnage est un Cabire : « *Cabirus, i. e. nanus de-*
» *formis, succinctus, dextrâ malleum, sinistrâ plerùmque*
» *serpentem tenens : capite tribus cornibus s. radiis mu-*
» *nito.* » Cette figure aurait donc changé de signification? Il est juste de dire que M. Gesenius n'est
point tombé dans cette contradiction; pour lui, cet
emblème est toujours celui de Baal, mais, de plus,
il devient en même temps ici celui d'Astarté : « *Vul-*
» *garis illa Baalis atque Astartes imago. — V. Inscript.*
» *carthag.,* 1-3. » Or, dans les articles auxquels renvoie le savant archéologue, il n'est fait aucune mention d'Astarté, comme étant représentée avec Baal
par l'emblème dont il s'agit. Comment maintenant
ce simulacre appartient-il à la fois à un dieu et à
une déesse, au soleil et à la lune? M. Gesenius ne
donne à ce sujet aucune explication.

Pour moi, le signe en question, que j'ai dit représenter le tombeau et s'appeler pour cela קבר, est en effet l'équivalent de Cabire, קבר, mais phonétiquement et non figurativement. On a joué, je n'en doute pas, sur l'homophonie qui rapprochait les deux objets; je trouve par conséquent dans cette espèce de rébus héraldique une confirmation remarquable de la conjecture que j'ai énoncée au début de ce paragraphe, confirmation d'autant plus probable, qu'il existait aussi entre les deux mots un rapport idéographique. En effet, d'après l'assentiment général, les dieux Cabires représentaient l'exploitation des carrières et des mines; c'est pour cela qu'ils sont armés d'un marteau. Or, c'est en mémoire des cavernes qu'ils creusaient dans les carrières, cavernes qui servaient ensuite de sépulcres, que ces artisans divinisés ont été nommés *Cabiri*, CBRM, dieux mineurs, dieux des cavernes ou des sépulcres, CBRM *.

L'enseigne sépulcrale et particulièrement sa réduction élémentaire ou cruciforme, emblême du respect dû aux tombeaux, devint elle-même pour ce motif l'objet d'une mystérieuse et suprême vénération. Plusieurs auteurs ont signalé ce fait; cette vé-

---

* Voyez plus bas, ch. III, § 1.

nération paraît avoir été surtout répandue parmi les Hébreux et les Égyptiens; elle ne s'appliquait point seulement à la représentation tumulaire proprement dite, mais aussi au symbole du dogme essentiel de la croyance religieuse. En effet, le mystère de l'humanité est dans la tombe. Nous avons vu que dans cette tombe les morts étaient couchés faisant face à l'Orient et que cette position était indiquée par la direction de la croix; c'était un signe de prière et d'attente, c'était un acte de foi dans la vie future, dans la résurrection : aussi, par une sublime métonymie, le signe de la mort devint le signe de la vie future, le signe du salut. Lorsqu'on découvrit dans les décombres du temple de Sérapis les pierres sur lesquelles une croix était gravée et dont nous avons déjà parlé, on interrogea les Juifs qui se trouvaient dans le pays; ils répondirent que ce caractère était l'emblème de la vie future. Dans les écritures hiéroglyphique et hiératique, la croix veut dire salut. C'est ainsi que dans la foi chrétienne elle est le symbole de la rédemption et que l'autel catholique est un tombeau.

—

Melit. I, bilinguis, Gesen.

ΔΙΟΝΥΣΙΟΣ ΚΑΙ ΣΑΡΑΠΙΩΝ ΟΙ
ΣΑΡΑΠΙΩΝΟΣ ΤΥΡΙΟΙ
ΗΡΑΚΛΕΙ ΑΡΧΗΓΕΤΕΙ

autogr. Paris, r. d' Évêque 13.

§. II.

FORMULE DÉDICATOIRE ET IMPRÉCATIVE.

On a vu dans le paragraphe précédent qu'en marquant les sépulcres d'un signe caractéristique on a eu particulièrement en vue de les soustraire à la profanation. Pour mieux atteindre ce but, on donna au *buste* une attitude parlante, c'est-à-dire qu'on le sculpta ayant les mains levées et les doigts étendus, symbole qui se retrouve sur quelques monuments grecs et latins, et qui, comme l'a prouvé Mongez, exprime une imprécation, une invocation aux Dieux vengeurs ou infernaux. Souvent même cette seule partie du signe, c'est-à-dire la main levée et les doigts étendus, était représentée, ainsi que l'a fait remarquer M. Étienne Quatremère dans la description qu'il a donnée en 1828 (*Nouv. Journ. asiat.*) de plusieurs monuments phéniciens ou puniques rapportés de Tunis par Humbert quelques années auparavant; à la vérité, le savant académicien, en indiquant ce fait et en citant l'opinion de son collègue, prétend qu'ici le symbole dont il est question a un objet bien différent, celui d'indiquer un vœu adressé à une divinité, et qu'il retrace cette expression si fréquente chez les écrivains hébreux, *étendre ses mains vers Dieu*, pour dire, *lui demander sa protection, implorer son appui*. Mais est-il croyable qu'on ait changé la signification d'un symbole si spécial, si sacré, dont il importait tant que le sens fût et restât connu, univoque, afin de conserver sans aucune atteinte sa force comminatoire? Il ne s'agit point ici d'autels votifs, mais bien de cippes sépulcraux, comme l'a déclaré Humbert qui avait pu, mieux que tout autre, apprécier sur les lieux la destination de ces monuments; comme le pense aussi M. de Falbe, qui a visité depuis les mêmes lieux et qui en a rapporté les mêmes impressions, la même conviction. L'image dont nous parlons était donc ici, comme partout ailleurs, le symbole des imprécations dont nous avons précédemment donné quelques exemples et dont on trouve aussi la formule écrite sur plusieurs inscriptions phéniciennes, ainsi que nous espérons le prouver dans les articles suivants.

En analysant comparativement la première maltaise et les quatre premières numidiques de M. Gesenius (pl., IV, V, VI, VII, VIII), on remarque sur chacune le retour d'une série de lettres évidemment identiques, tantôt placées à la suite les unes des autres au commencement ou à la fin de l'épigraphe, tantôt séparées en deux sections, dont l'une occupe le commencement, l'autre la fin de l'inscription:

PL. V.   *Numid. I, Gesen.*

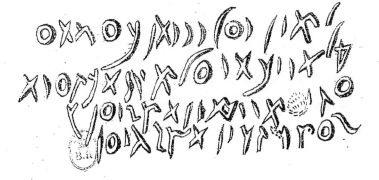

Curi de Salis, r. l'évêque 13.

cependant on trouve quelques intercalations ou quelques permutations de lettres. Voici les exemples :

Pour la première maltaise, les quatre premières et les treize dernières lettres.

לאדן. . . . .

כשמע קלם הברכם . . . . .

Pour les trois premières numidiques, les vingt-quatre premières lettres, en considérant comme un seul caractère les trois traits qui viennent après la septième lettre.

לאדן בעל חמן

כעשמע קלא ברכא

Pour la quatrième numidique, la dernière ligne.

לבעל חמן שמע קלא ברכא

Il est très probable que ces répétitions des mêmes lettres reproduisent une formule générale dont les applications particulières sont indiquées par les permutations, ou inflexions.

Cependant M. Gesenius ne fait porter l'identité que sur une partie de ces lettres ; il en exclut les quatre dernières ברכא, dont la ressemblance est incontestable, et il résulte de la valeur différente qu'il donne

à celles-ci dans chaque inscription une grande alté-
ration dans le sens, ainsi que je vais tâcher de le dé-
montrer. Voici comment il traduit les inscriptions
dont il s'agit :

Première Maltaise (PL. IV.)

לאדנן למלקרת בעל צר אש נדר
עבדך עבדאסר ואחי אסרשמר
שן בן אסרשמר בן עבואסר משמע
קלם יברכם

Domino nostro Melcartho, domino Tyri : vir vovens
servus tuus Abd-Osir cum fratre meo Osir-Schamar,
ambo filii Osir-Schamari, filii Abd-Osiri. Cùm audiverit
vocem eorum, benedicat eis.

Première Numidique (PL. V.)

לאדין ביעל וומן כ' ע' שמע
קלת חכמבעל אדן למכת עלם
יגת מ(ע)שלים בן משיבעל בן
מעשנתן בן משיתבעל

Domino Baali Solari, regi æterno, qui exaudivit
preces Hicembalis (Hiempsalis) domini regni æterni
populi Massylorum, filii Magsibalis (Micipsæ), filii
Masinissæ, filii Mezelbalis (Mezetuli).

Numid. II, Gesen.

Deuxième Numidique (PL. VI.)

לאדן בעל כמן מלך ע' שמע . .
קלח חכמשכעל אדן בן
הכבעל בן מעשיבעלן .

Domino Baali Solari, regi æterno, qui exaudivit
voces Hacambsalis (Hiempsalis) domini, filii
Hicebalis, filii Magsibalen.

Troisième Numidique (PL. VII.)

'לאדן בעל כמן מלך ע
שמע קלח חכמח־
ה וע' חכמכל ב' שם
כט . טיע . . .

Domino Baali Solari, regi æterno,
qui exaudivit voces Hicmathonis et servi sui Hicembalis
prœtoris.

Quatrième Numidique (PL. VIII.)

משל לשעתכל ע' הכשר משנח כען
בעל בן ע' חכמתעל אדן למכזו עמת משעלן
לבעל כמן אדן שמע קלת עמת

Imago Scheôlbalis servi tui justi, spectati in oculis
Baalis, filii servi tui Hiempsalis, domini regni populi Massylorum,
(consecrata) Baali solari domino, qui exaudivit voces populi.

Pour prouver l'inexactitude de ces différentes
versions, il faut analyser en détail chaque inscription.

L'exemple de la première maltaise fait voir que la
formule peut se scinder en deux propositions dis-
tinctes. La première est une dédicace : dans l'inscription de Malte, cette dédicace n'est pas semblable à
celle des inscriptions numidiques; elle n'a de commun avec elle que le premier mot לאדן, *Domino* : pour
le reste, elle se rapproche, par les mots אש נדר, de la
dédicace des inscriptions carthaginoises rapportées
par Humbert, et sur la transcription de laquelle il
n'y a maintenant aucune contestation.

Henmid. III. Gesen.

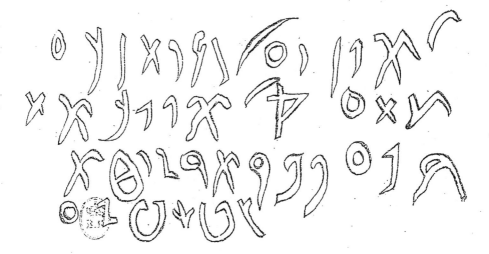

Autog ᵘ Salis, r. l'Evêque 13.

Quant à la traduction, les mots אש נדרי ont donné
lieu à une controverse qui ne paraît pas avoir encore
fait jaillir la vérité.

Voici comment s'exprimait à ce sujet M. Étienne
Quatremère dans l'article précité du *Nouveau Journal
asiatique :*

« Le mot אש, que nous offre chacune de nos
» inscriptions, se trouve également sur la fameuse
» inscription de Malte qui a exercé la sagacité de
» l'abbé Barthélemy et de plusieurs autres savants.
» J'avais d'abord souscrit sans réserve à l'opinion
» de Bayer, qui voyait dans ces deux lettres le
» mot hébreu איש, qui signifie *homo* et ensuite
» *quisque.* Cette interprétation me semblait d'autant
» plus heureuse que, sur le monument de Malte,
» deux frères adressent en commun un vœu à la di-
» vinité. Il était donc naturel qu'ils s'exprimassent
» ainsi : *chacun de nous a fait cet acte religieux.* Mais
» l'inscription que nous avons sous les yeux dé-
» ment cette explication, puisqu'elle n'offre que
» le nom d'un seul homme. Je crois donc recon-
» naître dans le mot אש le *qui* relatif, et, si je ne me
» trompe, nous avons ici une leçon qui tient le mi-
» lieu entre la forme entière אשר, et la forme abré-

» gée שׁ, qui se trouve souvent dans le texte hé-
» breu de la bible. »

Nonobstant cette observation, et après avoir fait
l'objection suivante : « Neque potest relativum esse
» pro אשׁר. Quis credat, Resch consonâ durâ et asperâ
» abjectâ, א mollissimam litteram adeòque vocali
» carentem servatam esse? » M. Gesenius reprend
la leçon proposée par Bayer, Kopp et Linderberg;
mais il ne l'interprète pas comme ces auteurs par
singulariter, singulatim, singuli (*voverunt*), ou *quisque*
(*vovit*), puisque en effet cette formule se trouve sur
des monuments où elle s'applique à une seule personne; il pense que ces lettres doivent être expli-
quées ainsi : *vir voti*, ou, ce qui lui paraît préférable,
vir vovens.

M. Étienne Quatremère a réfuté péremptoirement
cette opinion, qui ne laissait pas d'être ingénieuse,
en citant une inscription dans laquelle la formule
s'applique à une femme. Le célèbre orientaliste main-
tient donc sa version par le pronom relatif *qui, quæ*.
Mais outre l'objection opposée par M. Gesenius et
rapportée ci-dessus, les convenances grammaticales
ne répugnent-elles pas à cette interprétation? En
effet, le pronom relatif, dans la position où il se
trouve, devrait se rapporter à Baal, ce qui serait un

contre-sens; si on l'applique à Abd-Osir, à quoi bon
le pronom là où le nom même existe? Ces redon-
dances ne sont nulle part moins admissibles que dans
le style lapidaire.

Je pense donc qu'on ne peut accepter ni l'une ni
l'autre des deux opinions qui viennent d'être exposées. Si je ne me trompe à mon tour, le mot אש doit
être pris tel qu'il est écrit, dans l'acception *feu*, c'est-
à-dire *autel*, en prenant le contenu pour le contenant,
la partie principale pour le tout. C'était le feu en
effet qui caractérisait l'autel: or est-il plus étonnant
qu'on l'ait pris pour le monument lui-même que
d'entendre dire parmi nous : *cette maison a tant de feux,*
pour *tant de cheminées, ce village a tant de feux,* pour
tant d'habitations *? Il était si naturel de considérer
le feu comme la partie essentielle de l'autel, qu'on a
cherché dans ce sens l'étymologie du mot *ara* : « dicta
» est nonnullis quasi *ardea* ab *ardendo,* vel quasi *ura* ab
» *urendo, propter ignes videlicet sacrificiorum.* » (*Thes.*
erud. scholast). Or, notre explication se prête à une

---

* Denys d'Halicarnasse dit (*antiq. rom.* 1, 20) que les anciens
Grecs, au lieu de οἶκος (maison), écrivaient Ϝοῖκος; est-il possible
de méconnaître le rapport qui existe entre le mot grec ainsi écrit et
le mot latin *focus,* foyer, demeure? (*pro aris et focis.*)

étymologie beaucoup moins forcée : en effet, on disait primitivement *asa* pour *ara*, ainsi que le prouve
cet article de loi de Numa, cité par Aulu-Gelle : *asam*
Junonis ne tangito : or, *asa* est la transcription du mot
אש (as). Ce dernier mot peut donc avec une pres-
sante vraisemblance être pris pour *autel ;* uni à כדר,
il veut dire : *feu, foyer consacré, ara voti* *.

La seconde partie de la formule est séparée de
celle que nous venons d'examiner, dans l'inscription de Malte, par le passage suivant, dont nous
empruntons la transcription et la traduction à
M. Gesenius :

עבדך עבדאסר ואהי אסרשמר

שן בן אסרשמר בן עבדאסר

Servus tuus Abd-Osir, cum fratre meo Osir-Schamar,
Ambo filii Osire-Schamari, filii Abd-Osiri.

M. Étienne Quatremère, rapportant la qualifica-
tion עבד, *servus*, à Hercule, sujet de la dédicace, pense

---

* J'avais terminé cet article, lorsqu'à ma grande joie j'ai trouvé,

que le pronom affixe ne peut pas être *tuus*, mais qu'on doit lire *ejus*. Cependant la valeur de la lettre qui représente ce pronom est trop bien constatée pour qu'on puisse ne pas la regarder comme un *caph*, et ne pas lire עבדך, au lieu de עבדו que propose M. Étienne Quatremère. Il me semble que la difficulté serait levée si l'on rapportait le pronom, non pas à Hercule, mais au lecteur de l'épigraphe, comme on en a beaucoup d'exemples dans les inscriptions latines[*]. Cette manière d'exprimer la première personne était très familière aux Hébreux; elle avait pour corrélatif, à la deuxième personne,

---

dans Jac. Spon (*misc. erudit. antiq. — Præf.*), l'antique inscription suivante, extraite de Zosime :

P. Valerius
Poplicola
ignem Campi
Martii Diti patri
et Proserpinæ consecravi
ludosque Diti patri
et Proserpinæ pro
libertate populi
Romani feci.

[*] Lector.. viator.. hospes.. tu qui legis.. qui legis titulum.. etc., etc.

le mot אדני, *dominus meus :* l'une et l'autre de ces
expressions commandaient le verbe à la troisième
personne.

La ressemblance qui existe entre la treizième lettre
de ce passage (que M. Gesenius rend par un *iod*), et
la troisième de la deuxième ligne de la seconde maltaise (qu'il a considérée comme un *hé*), me porte-
rait à adopter ici aussi cette dernière transcription,
à lire par conséquent ואחה, *et frater,* au lieu de ואחי,
cum fratre meo. Cette légère divergence n'affecte pas
essentiellement le sens de la phrase.

Enfin nous arrivons à la deuxième partie de la formule. C'est ici que mon interprétation pourra paraî-
tre téméraire, paradoxale, puisqu'elle s'écarte des
données de la grammaire : aussi ne la présenté-je
qu'avec une extrême réserve, désirant, si je n'ai
point réussi, appeler dans une voie nouvelle des in-
vestigateurs plus heureux.

M. Gesenius, comme on l'a vu, traduit dans les
termes suivants la partie de l'inscription de Malte
qu'il nous reste à examiner : *cùm audiverit vocem eorum,
benedicat eis.*

Or comme il a rapporté le mot עבדך (*servus tuus*)

à Hercule, c'est-à-dire qu'il a fait parler Abd-Osir et
son frère à ce dieu dans les rapports de la première
à la seconde personne, il est lui-même obligé de reconnaître qu'on devrait par concordance trouver ici
l'invocation sous cette forme : *ubi audiveris vocem nos-
tram, benedicas nobis!* pour sortir de cette difficulté, il
fait intervenir le prêtre qui, après avoir reçu l'obla-
tion des deux suppliants, aurait lui-même ajouté sur
le marbre cette prière adressée par lui à la divinité
en faveur de si pieux adorateurs. C'est presque s'en
tirer par le *Deus in machinâ*.

A la vérité cet expédient ne serait pas nécessaire si
l'on admettait, comme je l'ai proposé, qu'Abd-Osir
s'adresse au lecteur de l'épigraphe : mais il y aurait
toujours quelque chose de trop détaché, de trop isolé
dans cette phrase, et d'ailleurs cette interprétation
aurait le vice radical de ne point s'accommoder à
tous les autres cas où la même formule apparaît.
C'est dans cette condition qu'existe, selon moi, le
criterium de la justesse de la traduction ; c'est vers
ce but que se sont dirigés tous mes efforts : je vais
en exposer les résultats.

Les individus qui élevaient des monuments funé-
raires à leurs parents, à leurs amis ou à leurs pro-
tecteurs étaient dirigés par l'un ou l'autre des deux
motifs suivants : tantôt ils agissaient d'après leur

propre mouvement; tantôt ils obéissaient à la volonté du défunt expressément énoncée de vive voix ou par testament. Chacune de ces circonstances était soigneusement indiquée sur les épitaphes latines. Ainsi, à la première correspondait cette formule si fréquente : *libens, libenter fecit, posuit, etc.* ; la seconde s'exprimait par l'une de ces locutions non moins communes: *ex voluntate, ex præcepto, ex testamento, secundùm voluntatem testamento significatam, testamento suo fieri, poni jussit.*

Voici un exemple de ces dispositions testamentaires :

EGO. GALLUS. FAVONIUS. JOCUNDUS. L. F.

QUI. BELLO. CONT. VIRIATHUM. OCCUB

JOCONDUM. ET. PUDENTEM. FILIOS. EX. TEST. HER. RELINQUO

ET. BONORUM. JOCUNDI. PATRIS. MEI

ET. EORUM. QUÆ. MIHI. ADQUISIVI

HAC. TAMEN. CONDICIONE

UT. AB. VRBE. ROMA. HUC. VENIANT

ET. OSSA. MEA. INTRA. QUINQUENNIUM

EXPORTENT. E. LUSITANIA. ET

VIA. LATINA. CONDANT. SEPULCHRO. MARM

SI. SECUS. FEC. NISI. LEGITIMÆ. ORIANTUR. CAUSSÆ

VELIM. EA. OMNIA. QUÆ. FILIIS. RELINQUO

PRO. TEMPLO. DEI. SILVANI. REPERANDO

QUOD. SUB. VIMINALI. MONTE. IN. URBE. EST

ADTRIBUI

MANESQUE. MEI. OPEM. PONT. MAX. ET

FLAMINUM. DIAL. QUI. IN. CAPITOLIO. SUNT

IMPLORENT.

AD. IMPIETATEM. CONTRA. FILIOS. MEOS. ULCISCENDAM

TENEANTURQUE. SACERDOTES. DEI. SILVANI

ME. IN. URBEM. REFERRE. ET. SEPULCHRO. ME. CONDERE

VOLO. QUOQUE. QUOTQUOT. DOMI. MEÆ. VERNÆ. SUNT

LIBEROS. A. PRÆTORE. CUM. MATRIBUS. DIMITTI

SINGUL. QUE. LIBRAM. ARG. ET. VESTEM. DARI

ACTUM. VI. K. QUINTILEIS

SER. GALBA. L. AURELIO. COS

DECUR. TRANSCUNDANI. HOC. TESTAM

ORE. EJUSDEM. GALLI. EMISSUM

LAPIDE. JUSSERE. ADSCULPI.

(Orthogr. rat. ab Aldo Manutio collect.)

C'est à l'accomplissement de ces ordres suprêmes que répondaient les mots *obsequium*, *exequiæ*, dont le sens s'est ensuite étendu, obscurci, mais dont nous retrouvons la trace dans ceux-ci : *exécuteur testamentaire*. On en possède une preuve indirecte et touchante dans cette inscription gravée sur une pierre antique et citée par Ald. Manutius (*Op. Laud.*):

A. SOCCONII. ATTICÆ. LIRESTO

V. F. SIBI. ET. PATRONO...

MIAE. HOC. TITULO. PATRONUM

PIETATIS. HONORAT. QUICQUID

EST. GRATUM. MANIBUS. OBSEQUIUM.

4

NON. JUSSU. TAMEN. NEC. VOCE

ROGATA. HIC. OBII.... VI LIBERTÆ.

SUAVIS. PATRONUS.

Q. CAMURIO. C. HOSTILIO. Ↄ

L. PRIMO. SPECILUNGUI.

IN. FR. P. XII

IN. AGR. P. XVI.

H. M. H. N. S.

Cette affranchie veut témoigner sa soumission, son obéissance aux Mânes de son Patron, bien qu'elle n'en ait reçu ni l'ordre, ni la prière... cette restriction indique clairement que le mot *obsequium* était ordinairement relatif à celui-ci, *jussus*, ou à ses équivalents, en un mot à la dernière volonté du défunt.

L'usage de régler par commandement (צו) sa sépulture existait aussi chez les Hébreux. On voit en effet dans la Genèse que Jacob, retiré en Égypte et près de mourir, fit solennellement promettre, *par serment*, à son fils Joseph de l'enterrer dans son sépulcre au pays de Canaan, et que celui-ci à son tour dit à ses frères, lorsqu'il sentit sa fin approcher : « transportez mes os » avec vous hors de ce lieu et *promettez-le moi par ser-* » *ment.* » Ce commandement était si sacré, qu'on ne laisse échapper aucune occasion d'en signaler l'exécution; il est dit dans le chapitre VIII de l'Exode,

V, 19 : « et Moïse emporta aussi avec lui les os de
» Joseph, selon que Joseph l'avait fait promettre avec
» serment aux enfants d'Israël. » Et dans Josué, chapitre XXIV, V, 32. « Ils prirent alors les os de
» Joseph, que les enfants d'Israël avaient emportés
» d'Égypte, et ils les ensevelirent à Sichem, dans
» cet endroit du champ que Jacob avait acheté
» des enfants d'Hemor, père de Sichem, pour cent
» jeunes brebis, et qui fut depuis aux enfants de
» Joseph. »

D'après ces faits on est légitimement porté à penser que les choses se passaient de même chez les
Phéniciens; et, dans ce cas, il n'est pas difficile de
trouver le sens du mot כשמע qui ouvre la formule
dont nous nous occupons. שמע, qui veut dire au
propre *entendre*, *écouter*, signifie aussi par extension
obéir, *exécuter*, *obsequi*; il équivaut exactement, sous
ce double rapport, aux verbes latins *audio*, *ausculto*,
qui sont souvent employés dans la dernière acception, notamment par *Plaute* (*dicto imperio sum audiens*,
amphitr.). C'est dans ce sens qu'il figure dans la
formule dont il s'agit : כשמע, par conséquent, signi-
fiant littéralement *secundùm audire*, peut se rendre
par *prout auditum*, *ob obsequium*; il répond à la locution *ex præcepto* des épitaphes latines.

Après ce rapprochement, on s'attend à lire le complément dans la continuation de la même formule latine, *posuerunt*, *fecerunt*, *ou fieri*, *poni curaverunt*. Mais c'est ici qu'éclate le génie profondément religieux des anciens peuples dont nous analysons les archives sépulcrales. Au lieu de cette matérielle expression *posuerunt*, ou même *poni curaverunt* ; au lieu d'un froid agencement de pierres et d'ornements, c'est l'inviolabilité du tombeau qu'ils établissent en prononçant, en gravant les paroles sacramentelles : *Malédiction et bénédiction.*

Malédiction et bénédiction! Ces deux mots résument, en quelque sorte, toute la Bible. Ce livre admirable en effet n'est que le développement, l'application successive de cette promesse faite à Abraham : « Je bénirai ceux qui te bénissent, et ceux qui » te maudissent je les maudirai, ואברכה מברכיך » ומקללך אאר (Gen. XII, 3.)» Dans le Deutéronome (ch. XI, vers. 26) Moïse, après avoir longuement exposé les bienfaits ou les châtiments qui attendent les Israélites, suivant qu'ils observeront fidèlement ou qu'ils transgresseront la loi de Dieu, leur dit : « Vous voyez que je vous offre aujourd'hui la béné-» diction et la malédiction; ראה אנכי נתן לפניכם » היום ברכה וקללה. » Et plus loin (chap. XXX, vers. 19), averti de sa fin prochaine et parlant toujours au nom de Dieu, dont la gloire resplendit sur

son visage, il leur fait de nouveau et solennellement
le même tableau, puis il ajoute encore : « J'en prends
» à témoins le Ciel et la terre, ce que je vous propose
» aujourd'hui , c'est la vie ou la mort ; la bénédic-
» tion ou la malédiction : העדתי בכם היום את־השמים
» ואת־הארץ החיים והמות נתתי לפניך הברכה והקללה ..«
Enfin, après l'installation dans la terre promise, Josué,
le héros de cette conquête, Josué qui a fait tomber
les murs de Jéricho au son de ses trompettes, réunit
tout le peuple d'Israël ; il en range la moitié près du
mont Garizim , l'autre moitié près du mont Hébal ,
selon que Moïse l'avait ordonné, et, en présence de
l'arche d'alliance du Seigneur portée par les prêtres,
de chaque côté de laquelle se tenaient debout les
anciens, les officiers et les juges, il lit toutes les
paroles de la Loi sur la bénédiction et la malédiction : ואחרי־כן קרא את־כל־דברי התורה הברכה והקללה.
(VIII, 9).

Ainsi la bénédiction et la malédiction étaient en
même temps le levier et l'arme de la religion. C'est
donc à cette mystérieuse puissance qu'on eut re-
cours pour protéger l'asile des tombeaux , et l'on
employa tous les moyens propres à en assurer l'effi-
cacité : non seulement on parla aux yeux par le symbole d'une main levée ayant les doigts étendus ;
mais aussi une formule écrite en donna l'avis expli-

cite, et cette formule consista précisément dans le rapprochement des deux racines que nous avons vues choisies pour le même but dans les textes de la Bible que nous venons de citer, savoir : קלל ברך. Voici en effet comment j'exprime cette formule dans l'inscription de Malte : כשמע קלם הברכם, *ex præcepto, maledixerunt aut benedixerunt* (Abd-Osir et frater ejus).

Mais on voit que, pour trouver ce sens, j'ai dû considérer pour chacun des deux derniers mots, le *mem* affixe comme la formative de la troisième personne plurielle; tandis que, suivant la grammaire hébraïque, cette formative est un *vau*. Il y a là matière à une objection sérieuse. Pour la résoudre, il faut s'entendre sur le degré de ressemblance qui a pu exister entre la langue phénicienne et la langue hébraïque. Voici ce que dit à ce sujet M. Gesenius, dans la préface de ses *études paléographiques sur l'écriture phénicienne et punique*, 1835 : « La lan- » gue phénicienne fut, sans aucun doute, un dia- » lecte de la langue hébraïque, avec laquelle elle » avait tant de rapports, qu'elle était facilement » comprise par les Israélites et les autres habitants » de la terre de Canaan. Saint Jérôme avance qu'il » y avait une étroite parenté entre le phénicien et » l'hébreu; il disait aussi que le punique, c'est-à-

» dire le phénicien d'Afrique ou Libophénicien,
» descendait de la même langue-mère, mais à un
» degré plus éloigné. De même saint Augustin, évê-
» que d'Hippone, déclare en plusieurs endroits de
» ses ouvrages que le phénicien était l'idiôme de
» son pays, » et dans d'autres occasions ce grand
écrivain fait ressortir la ressemblance qu'il a reconnue
entre certains mots de cet idiôme et celui des Hébreux.

On avouera qu'il n'y a là rien de positif, que les
analogies n'ont point été approfondies, spécifiées,
qu'on s'est borné à des allégations vagues. Si l'on
s'efforce de remonter à des indications plus préci-
ses, on découvre que, dans les exemples qui ont été
cités, la comparaison n'a porté que sur l'identité de
signification entre certains mots, mais nullement
sur la conformité des règles grammaticales.

Si les écrivains chrétiens dont le témoignage a été
invoqué ont comparé la langue phénicienne à la langue de la Bible, s'ils n'ont signalé de rapports qu'a-
vec celle-ci, à l'exclusion des autres langues sémitiques, telles que le Chaldéen, le Syriaque, c'est que
la langue sacrée faisait seule l'objet de leurs préoc-
cupations, de leurs études. Sans cette circonstance,
ils auraient sans doute remarqué des affinités non

moins étroites avec les langues congénères dont il vient d'être parlé; ces affinités ne leur avaient même pas complètement échappé, car saint Jérôme, tout en reconnaissant, comme le fait observer M. Gesenius, la parenté qui rapprochait la langue phénicienne de la langue hébraïque, dit qu'elle tenait le milieu entre celle-ci et la langue égyptienne. (*Isaïe*, ch. XIV.) Ainsi la ressemblance, quelque grande qu'elle fût, n'était point absolue; la langue phénicienne était dans le même cas que les autres langues sémitiques qui ont entre elles de grandes analogies, à la vérité, mais aussi des différences caractéristiques;

Facies non omnibus una,
nec diversa tamen : qualis decet esse sororum.

Or, la différence des formatives verbales est précisément un des traits de dissemblance qui séparent ces langues; ainsi la formative de la troisième personne plurielle du prétérit, que nous avons vu être un *vau* en hébreu pour les deux genres, n'a cette forme en chaldéen que pour le masculin; pour le féminin c'est un *aleph;* en syriaque c'est aussi un *vau* pour le masculin, mais pour le féminin c'est un *iod* ou un *iod* et un *nun;* en arabe c'est pour le masculin un *vau* suivi d'un *aleph*, pour le féminin un *nun*. Les

autres personnes dans le même temps ou dans les
autres temps présentent des différences quelque fois
plus prononcées. Je ne crois pas nécessaire de les
exposer en détail. La langue phénicienne a donc pu
avoir aussi ses formatives propres.

Mais je vais plus loin, et je suis fortement porté à
croire que, pour le cas dont il s'agit, la terminaison
que j'adopte, c'est-à-dire le *mem*, à la troisième personne plurielle du prétérit, est l'inflexion primitive,
le type grammatical.

Il est généralement admis par les hébraïsans que
les lettres ou syllabes qui caractérisent les personnes
des verbes ne sont, comme le dit M. Cellérier fils
dans sa grammaire, que des pronoms mutilés, mo-
difiés, dont le sens doit se joindre au sens du radical. Or, avant d'être ainsi tronqués, les pronoms ont
dû être employés complets; avant que ces formes
altérées vinssent compliquer le langage, des formes
plus simples, les formes primitives ont dû être usi-
tées. C'est ce que fait très bien remarquer *Bonifazio
Finetti*, dans le passage suivant de son *Trattato della
lingua ebraïca e sue affini* (Venise, 1756): « Crederei
» anche che dessa lingua fosse stata nel suo princi-
» pio più simplice nelle sue inflessioni. Verisimil-
» mente, tutte le radici saranno state monosillabe

» è indeclinabili; distinguendosi ne' verbi le per-
» sone, e i numeri co' soli pronomi aggiunti, e i
» tempi con qualche particella separata : come anche
» al giorno d'oggi s'usa in alcune lingue, spezial-
» mente delle più orientali. E certo qualora io ri-
» fletto alla maniera con cui gli Ebrei nel preterito
» distinguono la prima e seconda persona dalla
» terza, ch 'è la medesima Radice o Tema del verbo,
» mi pare quasi cosa chiara, che forse per la cele-
» rità del parlare, si abbia della radice e del pro-
». nome fatta una voce sola. M'immagino dunque,
» che da' primi Progenitori si dicesse (per esempio)
» in terza persona, *pakad*, ch' è la radice e significa
» *visitò* (e forse *pkad*, como pronunziano i Caldei e
» Siri, facendo ogni radice monosillaba) in seconda
» persona *pkad atha*, e nella prima, *pkad ani* (*ani* e
» *atha* sono i pronomini della prima e seconda per-
» sona, cioè, *io*, *tu*), e che poi congiungendo, e in
» parte elidendo i detti pronomini, siasi formata la
» regolar desinenza del verbo nelle due accennate
» persone *pekadti*, *ho visitato*, *pekadtha*, *hai visitato*.
» Così nel plurale, da *pkad anu* e *pkad athem* (anu
» significa *noi* e *athem voi*), siensi, per mezzo di con-
» giungimento ed elisione, formate le inflessioni
» *pekadnu*, *abbiamo noi visitato*, e *pekadtem*, *avete vi-
» sitato*. Il medesimo può esser avvenuto negli altri
» tempi. »

F. Finetti s'est arrêté à la troisième personne plurielle, parce qu'en effet l'adformante ו n'a aucun
rapport avec le pronom personnel correspondant
הם, et qu'il n'a pu, par conséquent, saisir les traces
de la mutation. Mais cette disparate même prouve
que la désinence actuelle n'est point la forme primitive, puisqu'on ne peut pas la faire remonter au pronom, et il est d'autant plus probable que cette inflexion n'existait pas dans la langue phénicienne,
qu'en général le *vau* y était rarement employé. Pour
que le mode de formation de la troisième personne
du pluriel fût en harmonie avec celui des autres personnes, il aurait fallu qu'on dit פקדהם; puis, par
abréviation, פקדם. Or, c'est précisément la règle
que j'applique aux mots קלם בּרכם. Il s'est conservé du reste dans le texte biblique lui-même des
vestiges évidents de cette ancienne forme, puisque
ce pronom הם isolé s'y trouve souvent mis pour la
troisième personne plurielle du verbe être.

Je ne pense pas qu'on s'attache longtemps à l'observation que le verbe קלל, *maledicere*, que, dans mon
interprétation, je considère comme défectif, ne se
rencontre jamais à cet état dans la Bible: c'est probablement pour ne laisser aucune équivoque sur la
valeur d'un mot aussi important que les auteurs sacrés l'ont toujours écrit en toutes lettres; mais,
comme géminé, il n'en pouvait pas moins être dé-

fectif, et il reprend ce privilège lorsqu'il signifie *vilem haberi*. On a pu surtout l'employer comme tel dans les inscriptions, où les formes abréviatives sont généralement préférées.

Enfin il me reste à m'expliquer sur la particule que j'ai placée avant le verbe ברכם : le caractère que je transcris ainsi ressemble beaucoup, comme je l'ai déjà fait remarquer pour le mot אחה, à celui qui figure trois fois sur la deuxième maltaise, et que M. Gesenius a chaque fois rendu par *hé*. J'ai donc cru devoir lui donner la même signification, surtout dans une inscription gravée dans le même pays. Cette lettre ne reparaît pas dans la formule des quatre inscriptions numidiques; elle ne joue donc point un rôle essentiel; elle doit donc avoir un sens facile à sous-entendre, même dans le cas d'absence du signe; je crois avoir satisfait à cette induction. La malédiction et la bénédiction n'étaient point prononcées confusément; c'était l'une ou l'autre que l'on encourait, suivant certaines conditions, c'est-à-dire suivant que l'on aurait profané ou respecté le tombeau : la particule ה rend énergiquement cette disjonction conditionnelle, dont l'expression cependant n'est pas indispensable, car elle ressort des choses mêmes.

Voici donc, en définitive, d'après tous les commentaires précédents, la version que je propose :

לאדנן למלקרת בעל צר אש נדר
עבדך עבדאסר ואחה אסרשמר
שן בן אסרשמר בן אבדאסר כשמע
קלם הכרכם

Domino nostro Melcartho, domino Tyri, ara consecrata.
Servus tuus Abd-Osir et frater Osir-Schamar,
uterque filius Osir-Schamari, filii Abd-Osiri, ob obsequium,
Maledixerunt aut benedixerunt.

Nous allons, dans le paragraphe suivant, établir
l'analogie qui existe, sauf les modifications déjà an-
noncées, entre le formulaire de cette inscription et
celui des inscriptions numidiques dont nous avons
parlé.

§. III.

Pour qu'on puisse nettement saisir les rapports et les différences dont il vient d'être question, je crois utile de faire connaître d'abord la traduction que je propose pour chacune des inscriptions numidiques :

N. 1.

לאדן בעל המן כעשמע
קלא כרבא בעלאו בן מכת עדמ
עת ב - א - - - - בן מעציכל
- - - - - - בן מציחבעל

Domino Baali Hammoni : ob obsequium
Maledixi benedixi Balavus, filius . . . adm-
eti, filii . . . . . , filii Metzibalis ,
. . . . . , filii Metzitbalis.

Pl. VIII.

Numid. IV. Gesen.

aurage. Salis. r. l'evêque 13.

N. 2.

לאדן בעל חמן כעשמע
קלא ברכא צנענא בן
ברכבעל בן . . .

Domino Baali Hammoni : ob obsequium,
maledixi benedixi Sinana, filius
Barchibalis, filii . . .

N. 3.

לאדן בעל חמן כע
שמע קלא ברכא מ
טא . . . א . . . ע . .
ע . . . .

Domino Baali Hammoni : ob
obsequium, maledixi benedixi M..

. . . .

. . . .

N. 4.

. . . .

. . . .

לבעל ׳ומן שמע קלא ברכא

. . . .

. . . .

Baali Hammoni : obsequens, maledixi benedixi.

On voit que le texte de la formule n'est point en
tout semblable sur l'inscription de Malte et sur celles
de Numidie.

En premier lieu, celle de Malte diffère par la divinité à laquelle elle s'adresse et par les deux derniers
mots de la dédicace, qui sont empruntés aux inscriptions carthaginoises de Humbert. Celles de Numidie de leur côté ont emprunté aux dernières l'invocation à Baal et l'épithète qu'elles lui donnent.
Voici, pour qu'on puisse juger de ces rapports, la

formule dédicatoire de ces inscriptions carthaginoises :

לרבת לתנת ולבעלן לאדן לב
על חמן אש נדר . . . .

Dominæ Tanaïti et domino nostro hero Baali Hammoni ara consecrata........

En second lieu, les trois premières numidiques ont subi, entre le mot שמע et le *caph* qui le précède, l'intercalation d'un *aïn*, tandis que, dans la quatrième, et cet *aïn* et le *caph* lui-même ont disparu.

Enfin les mots ברך et קל sont suivis, l'un et l'autre, d'un *aleph* au lieu d'un *mem*, et il n'existe entre eux aucune particule.

Reprenons en détail chacun de ces chefs.

Dans le texte phénicien des trois premières numidiques, les trois traits qui viennent après la septième lettre ne se ressemblent pas complètement ; aussi M. Gesenius ne les a-t-il pas interprétés de la

5

même manière : dans la première numidique, il les
a regardés comme ne constituant qu'une seule lettre,
un *chet*, et, l'unissant au *mem* et au *nun* qui suivent,
il en a fait l'épithète חמן , *hammoni*, conformément à
la dédicace carthaginoise. Mais, dans les deux autres
exemples, il n'a plus suivi l'analogie qui avait pu
seule le guider dans le cas précédent; il a fait une
lettre particulière de chacune des trois figures qui
occupent la même place; il a construit avec elles le
mot במס, *solari*, qu'il a substitué à l'épithète sacra-
mentelle, et il a repoussé le *mem* et le *nun* qui suivent pour les unir au *caph* et en composer, en chan-
geant le *nun* en *lamed*, le mot מלך, *regi*. M. Gesenius, je ne crains pas de le dire, s'est égaré. On doit,
en pareille matière, admettre dans la disposition des
lettres une loi de connexité qui en constate la valeur : or, les rapports de ces trois figures ne sont-ils
pas exactement les mêmes dans la seconde et la troisième numidique que dans la première? Une très
légère différence de forme doit-elle prévaloir contre
cette loi de connexité? Si l'on tient rigoureusement
à une identité absolue de forme, il ne faut pas, d'un
côté, regarder les trois traits de la première numidique comme un *chet*, car certes ils diffèrent bien
plus de la figure qu'offre cette lettre sur les monuments carthaginois et sur l'inscription de Malte qui
est représentée à la planche I, que des trois traits
qui leur correspondent dans les deux autres numi-

diques; d'un autre côté, l'on n'est pas recevable à les présenter comme un *caph*, un *mem* et un *nun*, car ces lettres se montrent sur le reste de chacune des inscriptions avec des formes bien différentes : de même, la seconde lettre qui vient après n'a aucune ressemblance avec le *lamed* qui occupe la septième place de la première ligne et la cinquième de la seconde ligne; c'est bien, ce ne peut être qu'un *nun;* or ce *mem* et ce *nun* imposent l'obligation de considérer les traits qui les précèdent comme un *chet* pour reproduire le mot *hammoni*, le seul que, dans cette position, ils puissent concourir à former; mot consacré, et qui n'avait pu s'altérer à une si petite distance de Carthage.

L'erreur de M. Gesenius provient de l'embarras dans lequel l'a jeté l'*aïn* qui s'est interposé entre שמע et le *caph*, et en effet la difficulté est grande. Dans la première maltaise le *caph* a été considéré comme une préfixe; mais ici, pour lui conserver la même signification, il faudrait accorder un sens analogue à l'*aïn*. N'osant le faire, M. Gesenius a rompu le rapport qui existait avec la première maltaise; il a isolé le *caph*, et fait de chacune des deux lettres dont il s'agit une abréviation séparée; le *caph* est devenu la finale du mot מלך, *roi*, et l'*aïn* l'initiale de l'adjectif עלם, *éternel*. C'est pour donner plus de force à cette

supposition que, dans les deuxième et troisième numidiques, les trois traits qui suivent la septième
lettre ont reçu chacun une valeur propre, afin que
les deux lettres suivantes pussent être détachées et
s'unir au *caph* pour former de toutes pièces le mot
מלך. Si cette dernière interprétation était acceptée,
il serait en effet impossible d'opposer de solides ob-
jections à celle qui a été proposée pour la première
numidique, c'est-à-dire à la valeur abréviative du
caph et de l'*aïn*. Mais je crois avoir prouvé que la transcription adoptée par M. Gesenius pour la deuxième
et la troisième numidiques est inadmissible ; il faudrait donc s'en tenir, pour celles-ci comme pour la
première, à l'hypothèse d'une double abréviation.
Mais est-il probable que, dans un cas aussi insolite,
on eut capricieusement représenté l'un des deux
mots par sa finale, l'autre par son initiale ? Quel
principe, quel indice aurait dirigé, assuré la sagacité
des lecteurs ?

A mon avis, l'*aïn* seul est une abréviation ; il est
mis pour על, *suprà*, *anteà*, *præ;* le *lamed* s'élide devant le *schin* qui commence le mot suivant, par la
même règle d'euphonie qui, chez les Arabes, pro-
duit, dans les rencontres analogues, l'assimilation de
la première de ces deux lettres à la seconde. כעשמע,
pour כעלשמע, veut dire, *selon ce qui a été entendu pré-*

cédemment, *selon l'ordre qui a été reçu précédemment;*
l'*aïn* dans ce cas représente exactement la particule
præ dans la locution *ex præcepto*, que j'ai déjà dit être la
traduction rigoureuse du mot phénicien. Dans la quatrième numidique, où le graveur a voulu renfermer
la formule dans une seule ligne, ce qui l'a porté à
abréger aussi la dédicace, les deux préfixes ont été
omises et le verbe, réduit à l'expression la plus simple, a été mis au participe présent. Le sens ne souffre
point de cette élimination.

Il ne nous reste donc plus qu'à rechercher les
termes de la formule imprécative, que nous savons
être composée des racines בין, קל, suivies chacune
de l'inflexion verbale. Comme ici le sujet de la phrase
est unique, il en résulte, d'une part, que l'inflexion
ne doit pas être semblable à celle de l'inscription de
Malte, et de l'autre, qu'elle doit être identique sur
chacune des inscriptions numidiques que nous étu-
dions.

On reconnaît facilement les deux radicales קל: elles
sont suivies d'une lettre qui est probablement l'adformante. On retrouve en effet la même figure quatre rangs
plus loin; l'un et l'autre de ces caractères reparaît sur
chaque inscription numidique; on peut donc présumer que ce sont les deux formatives concordantes

et, par suite, que les trois lettres qui précèdent la
dernière constituent le thème בֻרִךְ : en effet, on est
d'accord déjà sur la valeur de la troisième, qui est
le *caph ;* Les deux autres peuvent-elles former le
beth et le *resch?* Pour la première, il me semble qu'il
ne peut pas y avoir de doute, car sur les inscriptions
dont il s'agit, on retrouve plusieurs fois un *beth* semblable en tête des mots בעל et בן; il ne me reste
donc plus que le second trait : or celui-ci, à cause
de sa ressemblance avec le précédent, c'est-à-dire
avec le *beth*, ne peut être qu'un *daleth* ou qu'un *resh*,
ces trois lettres offrant la même ressemblance, quelle
que soit d'ailleurs leur forme absolue, sur la plupart
des monuments phéniciens. Avec le *daleth* on n'arrive à aucune solution ; le *resch* au contraire complète précisément l'analogie : Peut-on résister à cette
induction?

M. Gesenius est loin de ce point de vue: sur les
trois premières numidiques, il considère ces *deux*
traits comme formant ensemble un *chet*. Cependant
sur l'une de ces inscriptions, sur la première, il
avait déjà reconnu, dans le mot חמן, que le *chet* est
constitué par *trois* traits : Voilà donc, sur la même
pierre, à quelques mots de distance, une différence
sensible dans la configuration de la même lettre.
Mais cette prémisse mène, comme on va le voir, à
des conséquences encore plus forcées.

M. Gesenius, n'ayant point reconnu, dans les caractères que nous venons d'examiner, la racine בּרך
ni, par conséquent, sa corrélation avec la racine précédente קל, n'a point non plus saisi la concordance,
la similitude qui existe entre les deux lettres que
j'ai signalées ci-dessus comme les adformantes de
ces verbes : de la première il fait un *tau*, de l'autre
un *mem*. Cette figure se montre fréquemment sur
les inscriptions numidiques : il paraît incontestable qu'elle représente tantôt l'*aleph*, d'autrefois le
mem; le savant orientaliste de Leipsick lui donne, sur
les épigraphes que nous analysons, l'une et l'autre
de ces valeurs : Est-il croyable que, sur les mêmes
épigraphes, elle ait encore une troisième signification, celle du *tau*, et qu'elle ne l'ait précisément que
dans cette position; tandis que c'est dans une autre
forme que le *tau* se présente partout ailleurs, savoir :
quatre fois dans la première numidique, trois fois dans
la quatrième? En vain arguerait-on de la forme du
tau dans les inscriptions carthaginoises : cette forme
se présente avec un caractère constant, bien distinct,
et qui ne permet aucune confusion; ce n'est point le
dessin que nous trouvons ici. Le signe dont nous
nous occupons ne peut donc être qu'un *aleph* ou un
mem. Or le *mem* accuserait le pluriel que nous avons
dit ne pouvoir s'appliquer aux inscriptions numidiques dont il s'agit: c'est donc un *aleph*. Nous en
examinerons la valeur quand nous aurons achevé

de réfuter les diverses interprétations de M. Gesenius.

Dans les trois premières inscriptions numidiques,
le célèbre paléographe a fait, des deux traits qui suivent la troisième lettre de la seconde ligne et du
signe qui vient ensuite après le *caph*, un *chet* et un
mem, pour pouvoir, en les joignant, ainsi que le *caph*
intermédiaire, à quelques lettres voisines, faire un
nom propre (*Hicembalis, Hacamsbalis, Hicmathonis*) régi
par *preces*. Mais dans la quatrième inscription, ces
caractères sont acculés à la fin de la dernière ligne;
on manque par conséquent d'éléments pour complé-
ter le nom propre, et cette circonstance met à découvert le vice de la transcription; ces caractères sont
bien évidemment, et par leur forme et par leur connexion, identiques à ceux dont nous venons de nous
occuper au sujet des autres numidiques. Eh bien!
ici M. Gesenius fait un *aïn* des deux premiers traits
qu'il avait sur les autres pierres considérés comme
un *chet*, supposant sans doute, et tout-à-fait arbitrai-
rement, que c'est par l'action du temps ou par la
négligence du sculpteur que leurs extrémités paral-
lèles laissent entre elles une double ouverture, tandis que partout ailleurs, sur la même inscription,
l'*aïn* se trouve arrondi et bien fermé. De la lettre
suivante il fait un *mem* qui ne se reproduit sous cette
apparence ni sur le monument dont il s'agit, ni sur

aucune autre inscription numidique; enfin le dernier caractère redevient un *tau*, comme après là racine קל, transcription dont nous avons déjà prouvé
l'invraisemblance. C'est par ce procédé, qu'on peut
appeler violent, que M. Gesenius a créé un complément (עמם, *populi*) à son mot *preces*. Ainsi, pour trouver un sens quelconque, il brise les analogies, il dé-
nie aux lettres similaires leur identité, et, au mépris
de leur ressemblance et de leur connexion, il se livre
à autant de versions disparates qu'il y a d'inscriptions. Il oublie ce sage principe que lui-même a posé :
« In litterarum ignotarum potestate indagandâ, et,
» quod indè dependet, in novis obscurisque monu-
» mentis legendis, nihil est, quo majore fructu utan-
» tur harum rerum scrutatores, quàm *verbis formu-*
» *lisque parallelis* in variis monumentis inter se com-
» parandis (page 19). »

Pour moi, en voulant éviter cette faute, ne serais-je
pas tombé dans la faute opposée? Jusqu'à présent,
si je ne m'abuse, mes opinions, quelque différence
qu'elles offrent avec celles qui ont été émises jusqu'à ce jour, se sont appuyées, sinon sur des preuves,
du moins sur des probabilités puissantes. Mais ici
s'élève une difficulté nouvelle et ardue : quelle signification donner à l'*aleph* qui suit, selon ma transcription, les radicaux קל ברך? Par une conséquence
de tout ce qui précède, ce doit être la figurative de

la première personne du singulier. A la vérité, je me heurte encore, comme dans l'interprétation de la première maltaise, à la grammaire hébraïque : mais ici l'on devait logiquement s'y attendre; ce résultat est nécessairement lié au premier comme conséquence d'une même proposition. En effet, s'il est vrai que les formatives actuelles ont dû être précédées de formes plus simples, dérivant plus directement des pronoms personnels, il est impossible de ne pas en conclure que l'adformante *ti*, qui caractérise au prétérit la première personne du singulier, n'est point primitive; elle ne peut pas surtout l'avoir été dans la langue phénicienne, où l'usage du *iod* était fort rare, et où le pronom dont il s'agit était non pas *ani*, ni *anoci* comme en hébreu, mais *anec*, ainsi qu'on le voit dans les inscriptions rapportées aux nᵒˢ 2 et 3, pl. XI, XII de l'atlas de M. Gesenius, et dans le *Pœnulus* de *Plaute*. Or, déjà au futur la première personne était représentée par *aleph préfixe;* n'est-il pas très probable que dans la simplicité originaire, simplicité dont la langue phénicienne a conservé tant de traces, la même lettre, *affixe*, caractérisait la même personne, et que sa position, en avant ou en arrière du thème, comme la double face de Janus, suffisait pour indiquer par un ingénieux emblème le temps du verbe, c'est-à-dire le futur ou le passé?

Quelle que soit intimement ma conviction à cet

égard, je comprends que cette assertion, pour être admise dans le domaine de la science, doit être soumise à une plus ample vérification, et qu'il faut attendre que de nouveaux exemples soient venus la corroborer; ce n'est qu'avec cette réserve que je la soumets à la critique des paléographes. Mais au-dessus d'elle demeure solidement établie, je crois, cette proposition qui la domine et qui doit servir de point de départ aux nouvelles recherches, savoir : que la série de lettres dont j'ai signalé, je n'ose dire démontré, l'identité, compose une formule générale susceptible d'être appliquée à chaque inscription en particulier, et de plus, que cette formule a un carac-tère grave, une signification importante, ce qui est indiqué par la position qu'elle occupe soit au com-mencement ou à la fin de l'épigraphe, et surtout dans la quatrième numidique, par le soin qu'a pris le sculpteur de la renfermer dans une seule ligne, dont les lettres sont évidemment plus grandes que celles des deux autres lignes. Cette dernière particularité me semble assez remarquable pour lever tous les doutes.

CHAPITRE III.

MEDAILLES.

> « Les médailles phéniciennes, attendu la
> » brièveté de leurs légendes, présentent plus
> » de difficultés que les inscriptions. »
>
> Et. Quatr. — *N. Journ. asiat.*, 1828.

§ I.

MÉDAILLES DE COSSYRE.

(PL. 3, Nᵒˢ 1-6.)

Je me suis déjà, dans le premier paragraphe du
chapitre II, occupé du symbole de ces médailles qui
sont répandues en grand nombre dans les collec-
tions, mais qui n'en sont pas pour cela mieux con-

nues. Je vais dans cet article proposer une nouvelle interprétation de la légende phénicienne, qui me semble n'avoir pas été bien comprise par M. Gesenius.

Cette légende est composée de cinq lettres, dont les deux premières sont reconnues pour un *aleph* et un *iod*, la dernière pour un *mem;* ma critique ne porte donc que sur la troisième et la quatrième. M. Gesenius regarde l'une comme un *beth*, l'autre comme un *nun*, et il forme ainsi les mots בכם אי, l'*île des enfants*, *des descendants*, dénomination bien vague, ainsi que l'a déjà fait remarquer le savant Hamaker.

Sur trois pièces, la légende phénicienne est en regard des mots latins INS. AVG. (*insula Augusti*). D'un autre côté, on vient de voir que M. Gesenius rend les deux premières lettres phéniciennes par *insula*, traduction dont la justesse paraît au-dessus de toute contestation. Ce point de ressemblance de la légende latine ne porte-t-il pas à présumer que le second mot phénicien est aussi l'équivalent du second mot latin? Cette question sera décidée par une rigoureuse appréciation des deux lettres, à l'interprétation desquelles j'ai annoncé que mes observations devaient s'attacher.

M. Gesenius dit de la première (la troisième de la

légende) : « Tertia littera in exemplo Pellerini litt.
» *resch* videri possit, sed in his omnibus-reliquis et
» quotquot ipse inspexi, cauda sinistrorsum flexa
» est, ut nil dubitandum sit, eam *beth* habendam
» esse, sive Pellerinus caudæ flexum neglexit, sive
» *beth* in hoc exemplo rectâ caudâ pictum est. »
Mais la ressemblance de cette lettre avec un *resch*
n'existe pas uniquement sur l'exemplaire qui vient
d'être cité : on la retrouve sur les modèles B, E, F,
K de l'atlas de M. Gesenius, où elle a pour caractère la longueur de la queue; s'il y a une légère
courbure à gauche, cela ne s'observe-t-il pas aussi
sur quelques inscriptions carthaginoises? Les pièces
où cette inflexion est le plus prononcée sont celles
dont le type est le plus grossier, et où toutes les lettres sont le plus altérées. Le dernier membre de
phrase de M. Gesenius n'affirme-t-il pas d'ailleurs
ce qui est en question? ne peut-on pas, en le retour-
nant, dire avec la même assurance : *Resch in his
exemplis flexâ caudâ pictum est?* Telle a été l'opinion
de Barthélemy, de Kopp, d'Hamaker, et si j'osais
me citer après de pareils noms, j'ajouterais : telle
est aussi la mienne.

Quant à la lettre suivante, voici ce qu'en dit M. Gesenius : « *Nun* in his omnibus vix tale esse agnos-
» ceres, nisi ex primæ classis figuris id certò con-
» staret (Cf., p. 38). » Or, à la page à laquelle ren-

voie notre célèbre auteur, on trouve : « Quas quidem
» postremas figuras vix *nunim* esse intellexisses, nisi
» in constante monetæ Cossureæ epigraphe אי בנם
» comparerent. » Ce mode de démonstration, mal-
gré sa simplicité, ne paraîtra sans doute pas très
péremptoire aux esprits rigoureux. La gradation
qu'on a voulu établir n'a point de bases solides ; on
ne peut, par exemple, rien déduire de l'inscription
d'Érycé, puisqu'elle n'existe plus et qu'on ne peut
contrôler la douteuse exactitude de la copie qui nous
en est restée. Il ressort donc des aveux implicites de
M. Gesenius que ce caractère n'a point d'analogie
avec les formes avérées du *nun*. Je suis dès-lors dis-
posé à croire que c'est un *vau*. La figure qu'il offre
sur l'exemplaire de Pellerin, laquelle a été probablement mal reproduite, doit sans doute être rapportée à celle du *vau* dans la première maltaise
(ligne 2, lettre 11), et surtout au n° 1 du specimen
que M. Gesenius a donné, page 26 de son grand
ouvrage.

Ainsi, en admettant la transcription que je viens
de proposer, on aurait la légende אי רום, qui établi-
rait avec le texte latin la concordance que nous cher-
chions. En effet, d'après M. Gesenius (lexic.), l'adjectif רום signifie, entre autres, *potens*, *altus*, *exal-
tatus*, *maximè de his qui potentiâ et gloriâ eminent*. Ce
qualificatif équivaut donc à *augustus*.

Nota. J'ai fait dessiner, à la suite des monnaies dont il vient d'être question, un petit exemplaire que je possède et sur lequel le Cabire est empreint des deux côtés, sans légende. L'aire, sur chaque face, offre à droite, un *schin*, et à gauche, une espèce de caducée.

§. II.

MÉDAILLES DE GAULOS.

M. Gesenius a décrit sous ce titre, (pages 301-304), plusieurs médailles qui ont pour légende trois lettres phéniciennes qu'avec beaucoup de vraisemblance il transcrit ainsi אנך, *navis*, ce qui répondrait, pour la signification, au nom grec de l'île ou de la ville dont il s'agit. Cependant, après avoir discuté avec sagacité les motifs favorables ou contraires à l'opinion de ceux qui croient ces médailles originaires de Gaulos, il conclut ainsi: « Sed ut ve-
» rum dicam, desunt rationes prorsus certæ et in-

6

» dubitatæ, quæ hos numos Gaulo vindicent, et
» quanquam credibilis est hæc ejus origo, non ta-
» men certa et explorata. »

Peut-être aurai-je apporté quelque lumière dans
ce débat en faisant connaître la médaille représentée plus haut, Pl. III, lettre A, que j'ai en
ma possession.

Cette médaille n'offre qu'une empreinte, qui con-
siste en une tortue artistement figurée, entre les
pattes de laquelle sont divisées quatre lettres parfai-
tement conservées : un point très distinct existe entre
la troisième et la quatrième. La première est évidemment un *gimel* ; la seconde a quelque ressemblance
avec le *caph*, mais aussi avec le *Vau* tel que M. Gesenius l'a tracé au n° 1, page 26 ; les deux autres
sont des *lamed* ; il peut cependant y avoir quelque
doute pour la dernière, mais comme elle est en de-
hors de la légende, je ne m'y arrêterai pas.

La difficulté roule sur la valeur de la seconde
lettre ; en supposant un *caph*, je n'ai pu trouver
aucun sens : en admettant que c'est un *vau*,
on a גול, qui pourrait être le nom phénicien de
Gaulos.

S'il en était ainsi, ce que je laisse à décider à
de plus habiles, il serait très probable que les médailles décrites par M. Gesenius, et dont la légende est différente, n'appartiennent point au même
lieu.

CHAPITRE IV.

INSCRIPTIONS DE GEELMA.

CONCLUSION.

— τόθι νιν πολυμήλου
Καὶ πολυκαρποτάτας
Θῆκε δέσποιναν χθονὸς
Ῥίζαν ἀπείρου τρίταν
Εὐήρατον θάλλοισαν οἰκεῖν. *

Pind. Pyth. ix.

Les personnes qui ont lu attentivement le savant
ouvrage de M. Gesenius et qui ont fait, de la ma-

---

* « Il l'établit à demeure et en souveraine dans la troisième par-

tière qui y est traitée, l'objet particulier de leurs
études, apprécieront l'étendue et la portée des modifications que j'ai proposées dans les chapitres précédents; elles saisiront aussi d'autres modifications
de détail qui en découlent, mais que j'ai dû laisser
dans l'ombre pour ne pas affaiblir l'effet principal;
elles pourront enfin poursuivre la critique que j'ai
commencée et l'appliquer à d'autres points qui ne
me paraissent pas moins susceptibles de controverse.
Cette critique n'ôtera rien à la gloire si bien acquise de M. Gesenius, car, en s'y livrant, on ne peut
se refuser à avouer qu'il eût été difficile de faire un
nouveau pas, si lui-même n'avait répandu sur ces
questions obscures une lumière si éclatante.

Il paraîtra sans doute intéressant maintenant de
rechercher quelle application on peut faire des données exposées ci-dessus à l'éclaircissement des inscriptions puniques trouvées à Ghelma depuis que
notre armée en a pris possession; je dis *des inscrip-*
tions, car outre celle que j'ai trouvée et dont je
publie ci-contre la copie, il en a été découvert une

» tie du monde, sur une terre facile à labourer, verdoyante, riche
» en bêtes à laine et en fruits. »

Inscrip. trouvée par l'auteur, à Ghelma, en 18.

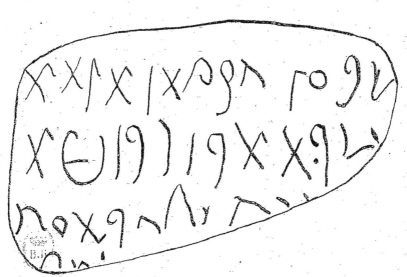

autogié Palis, r. l'Évêque. 13.

autre par M. Delcambe, officier d'état-major, et
une troisième m'a été remise en 1838, par mon
ancien collègue, le docteur Bernard, pharmacien
militaire *.

Les deux dernières, sur l'origine desquelles je
n'ai aucun renseignement, mais qui ont entre elles
une grande ressemblance, paraissent être les copies
du même texte, et toutes les deux des copies très
imparfaites, évidemment inexactes; je ne reproduis
que celle qui m'a été communiquée par le docteur
Bernard (Pl. X), ne sachant pas si M. Delcambe
m'autoriserait à publier la sienne. On ne peut distinguer nettement, sur chacune d'elles, que la moitié à peu près des lettres de la première ligne, mais
ce court passage est loin d'être dénué d'intérêt; en
voici la transcription :

לעדנבעלמז

Le *lamed*, qui est placé en tête, et le mot *Baal*,

---

* Bernard est mort à Ghelma, en 1839. Les officiers de la garni-
son, qui avaient apprécié l'activité, la sagacité, le dévouement qu'il
avait déployés dans une position extrêmement difficile, lui ont fait
élever un monument à leurs frais.

qui vient un peu après, indiquent qu'il s'agit d'une formule dédicatoire : on doit par conséquent en conclure que l'*aïn* qui succède au *lamed* est substitué, par mutation, à l'*Aleph*, l'une des radicales du mot אדן : ces sortes de changements ne sont pas rares dans la langue hébraïque. M. Gesenius en cite des exemples pour la langue phénicienne. On sait que Rhenferd, ayant remarqué qu'il avait compris facilement les Juifs allemands ou polonais avec lesquels il avait eu occasion de s'entretenir à Amsterdam, mais qu'il n'avait pu rien entendre à la conversation d'un Juif d'Oran, parce que celui-ci faisait un usage plus fréquent de l'aspiration forte, en avait conclu que cette coutume était inhérente à l'Afrique et que les Libo-Phéniciens, par conséquent, avaient dû souvent substituer l'*aïn* aux autres aspirées. Cette conjecture se trouve confirmée.

Après le mot בעל, facile à reconnaître, viennent un *mem* et un *nun :* il est probable que ces deux lettres sont les vestiges de l'épithète חמן, le *chet* initial ayant été retranché par aphérèse.

Ainsi l'on retrouverait ici la dédicace : *Domino Baali Hammoni,* mais avec deux modifications orthographiques dont on n'avait point encore signalé d'exemple dans ce cas particulier. La preuve positivement acquise de la substitution de l'*aïn* à l'*aleph*

PL. X.

2e Inscription de Ghelma. (Bernard

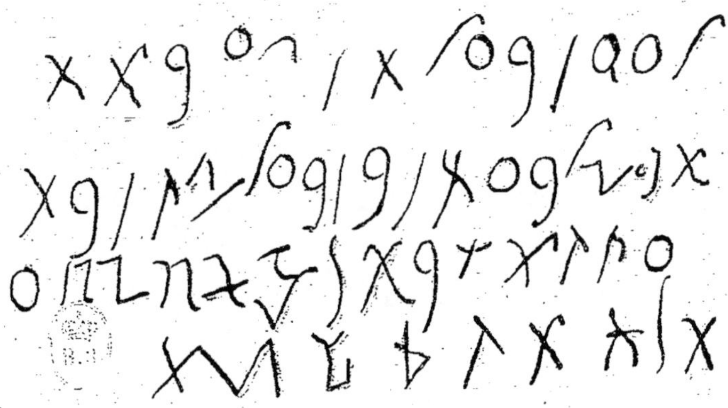

autie Salis, r. l'Évêque

pourra faciliter l'intelligence de quelques autres
inscriptions.

Mon fragment, (car je ne puis malheureusement
lui donner que ce nom), n'offre pas même l'avan-
tage de fournir un membre de phrase explicable,
quoique les caractères soient bien conservés et exactement copiés ; la mutilation de la pierre me semble
mettre un obstacle insurmontable à une complète
interprétation ; je n'ai pu du moins, pour mon compte,
lire que les mots *Baal* et *Ben*. Mais cette épigraphe
offre un intérêt d'un autre genre, une particularité
qui lui appartient et qui trouvera peut-être dans l'a-
venir son utilité : en effet, elle contient un certain
nombre de lettres dont il est facile de reconnaître
la valeur à la similitude qu'elles présentent avec plusieurs de celles que nous avons vues sur les inscriptions numidiques, mais il en est d'autres qui n'ont
d'identité, pour la forme, avec aucune de celles
qu'on a jusqu'à présent trouvées sur les monuments
connus, telles sont la première, la sixième et la
septième de la première ligne, l'avant-dernière de
la seconde ligne.

Celle-ci toutefois se rapproche trop de certaines
figures du *teth* pour qu'il soit possible d'en méconnaître la valeur. Quant à la première, elle est peut-

être altérée, car le bord auquel elle correspond a été endommagé par la brisure de la pierre. La sixième offre une grande ressemblance avec la première figure du *beth*, du *daleth* et du *resch* représentés par M. Gesenius sur sa première planche sous la rubrique *recentiores et Numidicæ ;* elle n'en diffère que parce que son contour supérieur est fermé, différence que présentent souvent entre elles ces trois lettres dans quelques-unes de leurs autres formes : c'est donc là qu'il faut chercher l'analogie. Or le *beth* est gravé sous d'autres traits en plusieurs endroits de l'inscription; le *resch,* de son côté, est probablement figuré par la lettre pourvue d'une longue queue rectiligne que l'on voit au commencement de la seconde ligne: notre nouveau caractère serait donc, selon toute apparence, un *daleth.*

En examinant attentivement les épigraphes phéniciennes que les Numides nous ont laissées, on remarque la netteté distinctive avec laquelle, peu familiarisés sans doute avec la nouvelle langue que la conquête avait introduite parmi eux, ils ont dessiné les lettres dont la ressemblance aurait pu les tromper : le *lamed* et le *nun* sont presque toujours faciles à distinguer, l'un s'élevant au-dessus de la ligne, l'autre au contraire descendant au-dessous, circonstance importante que nous avons vu avoir

été négligée par M. Gesenius dans la transcription
de plusieurs numidiques ; le *beth* prend une physio-
nomie bien tranchée dans les inscriptions dont nous
nous occupons en ce moment, ainsi que dans les
sixième et septième numidiques du professeur de
Leipsick : enfin le *resch*, sujet si fréquent d'incerti-
tude, va jusqu'à prendre cette forme 𐤓, d'où nous
est venu notre R, dans les cinquième et sixième
numidiques. C'est probablement d'après ces vues
qu'a été adoptée la figure du *daleth* dont nous nous
occupons. Il n'est pas aussi facile d'arriver à la dé-
termination du caractère qui le suit, car je n'en
connais aucun autre exemple, et l'on ne peut d'ailleurs s'aider du contexte, dont le sens, comme je l'ai
dit, reste impénétrable.

Mais l'importance de la découverte d'inscriptions
phéniciennes au milieu de nos récentes acquisitions
dans la partie septentrionale de l'Afrique ne doit
pas rester étroitement resserrée dans des considérations paléographiques ; un intérêt d'un ordre plus
élevé s'attache à ces pages léguées par un grand peuple, comme un témoignage de l'utilité de cette possession territoriale, du prix qu'on y a attaché dès la
plus haute antiquité, des ressources qu'elle a pro-
diguées aux maîtres qui ont su l'exploiter. Ces caractères mystérieux sont, en quelque sorte, une

protestation laissée par la nation riche et puissante
qui les a tracés contre la stérilité de notre occupa-
tion, contre le démenti que jettent à l'Histoire ceux
qui en proclament l'inutilité et même le danger,
contre l'impuissance et l'imprévoyance de ceux qui
en demandent l'abandon. N'est-ce donc plus cette
terre que tous les peuples prépondérants ont con-
voitée et se sont disputée tour-à-tour? Les médaillés
phéniciennes frappées dans cette contrée ne portent-
elles pas souvent un épi, une grappe de raisin, tous
les emblêmes de l'abondance? Les Grecs, par la
voix dithyrambique de Pindare, n'ont-ils pas appelé
la fertile Libye, au sein fécond, LE JARDIN DE JUPITER?
Les Romains ne la considéraient-ils pas comme le
grenier de l'Italie, et leur poète lyrique n'a-t-il pas
dit, pour peindre l'objet du désir le plus vaste :
Quidquid de libycis verritur horreis? Pour prendre un
autre langage que celui des poètes, que l'on taxerait
peut-être d'exagération, Polybe, ce grave historien,
ne déclare-t-il pas (L. xii) que l'Afrique est un pays
dont on ne peut trop admirer la fertilité? Ces ruines
nombreuses que nos bataillons étonnés traversent à
chaque expédition n'attestent-elles point, par leur
magnificence posthume, la richesse, la beauté, j'ose-
rai même dire la salubrité d'un pays où florissaient,
rapprochées les unes des autres, tant de cités opu-
lentes? Ce sont ces grands souvenirs qui se pres-
saient dans mon imagination, et qui l'ont si vive-

ment agitée quand, pour la première fois, ma vue
s'est arrêtée sur cette pierre gravée par une main
phénicienne et enchassée, ô mystère des révolutions
politiques! dans une de ces murailles de boue que
nous élevons pour un jour. Quelles tristes, quelles
pénibles réflexions m'a suggérées, dans ce rapide
aperçu, le contraste du présent avec le passé! Mais
aujourd'hui une ère nouvelle paraît s'être enfin ou-
verte : puisse-t-elle prouver que nous ne sommes pas
indignes de relever un si noble héritage!

FIN.

Imprimé en France
FROC021659010720
24396FR00009B/65